CRISE
As metamorfoses
da condição humana

Naum Simão de Santana

CRISE
As metamorfoses da condição humana

São Paulo – 2009

© *Copyright*, 2009 – Naum Simão de Santana

Todos os direitos reservados.
Editora Claridade Ltda.
Av. Dom Pedro I, 840
01552-000 São Paulo SP
Fone/fax: (11) 2168-9961
E-mail: claridade@claridade.com.br
Site: www.claridade.com.br

Preparação de originais: Marco Haurélio
Revisão: Guilherme Laurito Summa
Capa: Adriana Ortiz sobre ilustração de Roberto Oliveira
Editoração Eletrônica: Eduardo Seiji Seki

Edição em conformidade com o novo acordo ortográfico da língua portuguesa.

Dados para catalogação

Santana, Naum Simão de, 1978-
   Crise: as metamorfoses da condição humana / Naum Simão de Santana. - São Paulo : Claridade, 2009.
   96p. : il. - (Saber de tudo)

   Inclui bibliografia
   ISBN 978-85-88386-72-3

   1. História. I. Título. II. Série.

CDD: 390

Índice sistemático para catalogação:
027– Bibliotecas gerais
027.8 – Bibliotecas escolares
028 – Leitura. Meios de difusão da informação

Todos os direitos reservados. Nenhuma parte deste livro pode ser utilizada ou reproduzida sem a autorização expressa da editora.

Sumário

Introdução 7
1. Metamorfose 9
2. Ordem e desordem 18
3. Deformação 53
4. Diluição e liquefação 68
Conclusão 92
Outras leituras, outras visões 94
Sobre o autor 96

Introdução

A palavra *crise* provoca apreensão. É uma sensação compreensível, pois coloca em alerta nosso sistema de defesa frente o risco. Mas não podemos evitá-la, nem mesmo extingui-la por completo. A crise é um substantivo corrente no vocabulário cotidiano, científico e artístico, que acompanha a história humana como um espectro, ou um fantasma indesejado, colocando sempre em risco o sonho, cada vez mais distante, de estabilidade perpétua.

No entanto, o espectro da crise se assemelha a uma entidade de mil faces, uma causa com mil efeitos. Caso acessemos o acervo de uma grande livraria, veremos centenas de publicações que levam a palavra crise em seu título. São livros de auto-ajuda, economia, psicologia, arte, literatura, história etc. É compreensível a grande produção literária visto que a experiência da crise se nos apresenta de modo igualmente variado: crise de asma, crise política e econômica, crise psicológica, crise na arte, moral, espiritual etc.

Por esse fato, fazer uma história da crise demandaria vários volumes. E esse não é o nosso propósito, que é bem mais simples por sinal. Este livro, que preferimos chamar de um ensaio, tentará responder a três perguntas sobre o tema (o que é a crise? Por que existe? Como se manifesta?) a partir de uma amostragem, ou seja, de um corte feito no conjunto dos fatos que formam a história ocidental a fim de apresentar o comportamento da crise.

Será traçada aqui uma pequena narrativa em que a crise se encarnará em diversos personagens ao longo do texto. Ela estará no protagonista de Franz Kafka, nas figuras de Francis Bacon, nos pacientes de Freud, no trabalhador revoltado de Marx, nos personagens sacrificados da História Antiga e no indivíduo esvaziado do século XXI. Todos surgidos de uma reação causal produzida pelo conflito, encadeando uma série de reações como a metamorfose, o mal-estar e o sacrifício.

O desconforto sofrido pelos personagens nos permitirá criar uma explicação para a mecânica da crise e com isso esclarecer o seu significado e possibilitar algumas situações reflexivas. De certo modo, é uma tentativa de chegar o mais próximo possível da sua causa primeira, por meio de um desenho que acompanhe as curvas da experiência crítica.

Metamorfose

"Certa manhã, após um sono conturbado, Gregor Samsa acordou e viu-se em sua cama transformado num inseto monstruoso"[1]. Com essas palavras se inicia um dos livros mais importantes da literatura moderna: *A metamorfose*, de Franz Kafka, escrito em 1912. Tão "conturbado" quanto o sono de Gregor Samsa foi o pensamento de Kafka (1883-1924). Nascido em Praga, na antiga Tchecoslováquia, o autor de origem judaica tornou-se uma das antenas sensíveis da crise do homem moderno que permeou o século XX, representando-a por meio das imagens absurdas que desabrocham em seus livros, como, por exemplo, a do homem que se transforma em inseto devido a sua angustiante existência.

Franz Kafka

---

[1] KAFKA, Franz. *A metamorfose*. São Paulo: Nova Alexandria, 2001, p. 5.

Através de um pensamento penetrante e da capacidade literária, Kafka transportou para suas estórias todo o conflito estabelecido entre a sua sensibilidade e as exigências do mundo moderno. As situações absurdas reveladas em seu conto resultam de uma operação artístico-literária a fim de colocar a sociedade moderna em situações insólitas, tão desconfortáveis quanto a amargura vivida pelo autor e seus personagens. A partir da temática do desespero humano ante o absurdo da existência, sua literatura torna-se ao mesmo tempo o sintoma da crise do homem moderno e um ato de rebeldia contra a organização calculista do mundo.

A metamorfose sofrida por Gregor Samsa manifesta esse conflito a partir da sua inadaptabilidade frente às exigências sociais de lucro. Porém é uma transformação absurda, impossível para os padrões de desenvolvimento da vida. O termo *metamorfose* é empregado na biologia para explicar a mudança na forma e na estrutura do corpo ocorrida em organismos animais. Representa a passagem entre as fases da vida do organismo por meio do crescimento e da diferenciação em relação aos estados anteriores, obedecendo, assim, a um progresso biológico. No seu livro, Kafka subverte a lógica biológica a fim de representar a crise do sujeito moderno, um estado que artisticamente deveria ser exposto por meio de imagens fortes o bastante para catalisar a atenção sedada do leitor comum. Desse modo, a lógica do absurdo e do choque funciona como instrumento reflexivo e formal na construção de um discurso crítico sobre a realidade cotidiana a partir de uma realidade supostamente fantástica.

A metamorfose absurda e ilógica do homem em inseto, uma deformação mordaz da evolução das espécies, coloca a existência em contradição. No caso de Kafka, a metamorfose é uma "degeneração", a alteração de um organismo levado para uma forma inferior, pois não consegue cumprir as funções

Crise – As metamorfoses da condição humana

biológicas a que estava adaptado. Isso se reflete explicitamente em Gregor Samsa que, ao se transformar em inseto, perde a capacidade motora, o gosto pelos alimentos e pelo sono. O personagem retorna a um estado evolutivo anterior ao passo que sua condição humana é corrompida.

A regressão aponta para a desumanização da vida moderna, com sua corrida pelo lucro inflado e pela ascensão social, transformando seres sensíveis em peças de uma engrenagem, subtraindo suas almas, seus prazeres e amputando a liberdade de escolha. A família de Gregor Samsa o rejeita por ser fraco e diferente. Consequentemente, a transformação em inseto é uma manifestação do sentimento de solidão, representando um estado de fratura da sua própria humanidade dentro de um meio opressivo. Assim sendo, a licença artística que o autor utiliza para compor o seu conto e perverter a ordem natural das coisas nos traz uma boa oportunidade para discutir a crise do indivíduo moderno.

Na biologia, a transformação de um único ser provoca uma cadeia de reações ao seu redor. O mesmo ocorre no livro de Kafka. O autor parte dos detalhes da transformação física do personagem, o incômodo provocado pela nova situação de sua forma e dos seus órgãos, passa pelas transformações psicológicas manifestadas através da alteração do comportamento e da consciência de sua existência no mundo, do sentido de sua vida, e chega aos efeitos da transformação no próprio habitat de Gregor, sua casa, sua família. O inseto não possui situações psicológicas, é claro, mas o narrador adquire a função de ser o órgão de sua consciência ao transmitir o desconforto da transformação. Nesse sentido, a sensação mais forte manifestada pelo personagem na mutação é o mal-estar com a sua própria forma, com seu espírito e seu ambiente. O mal-estar é o olhar crítico do personagem no qual se refletem os efeitos da transformação. O mal-estar de

Gregor amplia-se ao observar a alteração no comportamento dos familiares, adquirindo a consciência de que o seu meio também se transformou a partir da nova forma a que estava fatalmente sujeito. É uma dolorosa transformação esta do homem em inseto, que exige a readaptação dos hábitos alimentares, da percepção e da função do corpo. Do mesmo modo é dolorosa a inadaptabilidade do indivíduo ao meio social a partir do conflito entre os seus desejos e as exigências externas.

Expandindo o significado biológico, a metamorfose é equivalente a qualquer transformação e mudança, e por essa razão é uma situação de grande importância para pensarmos o estado de crise. A metamorfose é um estado crítico de profunda ruptura, em que a estabilidade e a segurança são perturbadas em função das alterações por ela provocadas. No seu conto, Kafka escreve sobre a desesperança e a alienação do indivíduo moderno, imerso num mundo que não consegue compreender plenamente. Desse modo, a metamorfose é um sinal de angústia, ou seja, a reação de sua sensibilidade frente às demandas opressivas desse meio.

A primeira conclusão que podemos extrair dessa breve análise do livro de Kafka refere-se ao fato de a metamorfose ser uma manifestação do estado de crise em razão do conflito que a produz. No conjunto das experiências que armazenamos ao longo da vida, seja de uma forma direta ou indireta, a crise sempre se apresenta a partir da situação de conflito, de entrechoque de instâncias distintas. Por sua vez, a crise produz outras duas situações advindas da experiência do conflito: a ausência e a decadência. O personagem de Kafka vive o conflito social e familiar, portanto, entra em crise. A bolsa de valores também entra em crise devido à ausência de investimentos. Por outro lado, o império romano entrou em crise em razão da decadência de seu modelo administrativo.

Crise – As metamorfoses da condição humana

No grego antigo, a palavra crise (*krisis*) possuía dois significados paralelos e complementares: 1) separação, abismo; 2) juízo, decisão. A partir desses dois sentidos podemos compreender que a crise é ao mesmo tempo a manifestação de um problema e a oportunidade de superá-lo através do poder do arbítrio, ou, por outro lado, um ato decisivo que provoca a fratura. Crise é uma metamorfose que ocorre no ciclo de transformação entre a ordem e a desordem, podendo ou não instaurar uma outra ordem de acordo com a capacidade de decisão e reação do sujeito ou da instância que a experimenta. Portanto, é um estado de transformação a que toda existência humana está submetida.

Gregor Samsa reage negativamente à crise, sendo devorado por ela através de sua morte trágica no final do conto. Kafka lhe confere um fatalismo tão grande quanto sua situação absurda: o personagem morre de fome e de solidão devido à incapacidade de reversão ou transformação do quadro crítico. Porém, a crise não é uma situação intransponível e o grande exemplo da racionalização do conflito encontra-se no filósofo grego Heráclito.

Heráclito de Éfeso (535-475 a.C.) foi o primeiro pensador a trabalhar a ideia de crise como metamorfose. Chamado também de "o obscuro" devido à linguagem hermética de seus aforismos, viveu um tempo conturbado em que as guerras entre gregos e persas agravaram a situação social interna da Grécia. Ao presenciar a luta entre interesses contrários, construiu o seu pensamento da "unidade dos opostos" que influenciou grande parte do pensamento ocidental, como Platão, Hegel, Nietzsche e Jung.

Heráclito viveu a crise e transformou-a em matéria de sua filosofia. Procurando compreender como o conflito se comportava na natureza e na vida humana, escreveu o livro *Sobre a natureza*, do qual nos restaram apenas alguns fragmentos, em que

Heráclito. Detalhe do afresco *Escola de Atenas* (1509), de Rafael, Vaticano

defendeu a ideia de unidade da natureza em meio à mutabilidade das coisas particulares e transitórias. Essa unidade encontra no movimento, também interpretado como o tempo, o grande responsável pela separação e pela metamorfose, ou seja, pela natureza da crise que produz as cisões, mas possibilita novas agregações. Desse modo, a natureza em suas diversas instâncias se equilibra na tensão entre os contrários, fazendo do conflito a força originária da vida que se forma a partir da situação transitória acesa pelo movimento. Como escreveu o filósofo, "o conflito é o pai de todas as coisas: de alguns faz homens; de alguns, escravos; de alguns, homens livres"[2].

A partir da perspectiva de Heráclito, a crise é própria da natureza visto que o movimento é o único padrão "imutável" da vida. Do mesmo modo que a terra e o ar são estados físicos diferentes, mas que preservam uma ligação entre si, também são os acontecimentos da vida social e mental dos indivíduos. Assim, guerra e paz, amor e ódio, felicidade e tristeza podem

---

[2] HERÁCLITO. *Os pré-socráticos*. São Paulo: Nova Cultural, 1996, p. 95.

ser vistos como estados diversos e complementares, sendo que um não existe sem o outro.

A chave do pensamento de Heráclito encontra-se na unidade por trás do conflito e da contradição. Se observarmos as oposições citadas sem recorrermos a um elo de ligação entre elas, corremos o risco de quebrar a vida em duas partes e nos aprisionar em um dos estados. Mas isso não ocorre em sua filosofia, pois a natureza existe em um "fluir" contínuo que separa e reunifica os estados percebidos. Para isso ele usou da imagem do fogo como o elemento que provoca essa fusão e separação constante.

Heráclito faz uma análise da transformação dos elementos da natureza (terra, água, fogo e ar) a partir do fogo como um elemento motor, ou seja, aquele que possibilita toda a transformação – a metamorfose. O fogo, como imagem do calor, provoca o derretimento da terra e a evaporação da água. Segundo as suas palavras, "este mundo, o mesmo para todos, ninguém, nem deus, nem homem, o fez; mas foi sempre dado e será, para sempre, fogo sempre vivo, que se acende e se apaga ritimamente"[3].

Diógenes Laércio, outro filósofo grego, ao analisar o trecho citado de Heráclito escreveu: "tudo se compõe a partir do fogo e nele se resolve; tudo se origina segundo o destino e por direções contrárias se harmonizam os seres; tudo está cheio de alma e demônios"[4]. Assim, para Heráclito, tudo se origina da tensão entre os contrários que se harmonizam pela força de coesão do fogo, ou seja, do movimento, do tempo. Para ele, o fogo quando condensado se torna úmido e com mais consistência se torna água. A água se solidifica e passa a ser terra. A terra se derrete e se transforma em água. A água se evapora e se transforma em ar. Desse modo, a vida

---
[3] *Ibidem*, p. 90.
[4] *Ibidem*, p. 83.

de um elemento depende da morte do outro: o fogo depende da morte da terra; o ar depende da morte do fogo; a água depende da morte do ar; a terra é consequência da morte da água. Tudo se alternando em modo perpétuo: o fogo apagado se torna água e aceso se torna evaporação.

Se aparentemente o sólido e o líquido são estados antagônicos, não o eram para Heráclito, que via dentro da contradição um elemento de união a partir da possibilidade de transformação dos estados. O filósofo lança desse modo o mundo num completo estado de instabilidade. Como disse Platão: "Heráclito retira do universo a tranquilidade e a estabilidade, pois é próprio dos mortos; e atribuía movimento a todos os seres"[5].

Hegel, já no século XIX, observou o fogo como uma metáfora para o tempo no pensamento de Heráclito. As transformações ocorrem no tempo, na passagem de certos estados da nossa vida biológica e psicológica. O fogo é a possibilidade de metamorfosear as coisas, é o processo da vida, é a atividade psíquica que provoca crises e transformações ao longo da existência. Desse modo, toda forma percebida se origina da mudança e não pode repousar. A divisão provoca o juízo de decisão e cria novos estados, fazendo da crise um fenômeno dialético: a dinâmica da fratura e da superação.

Heráclito é tido como o criador da dialética, um método filosófico que permite fazer a análise da realidade do ponto de vista de suas contradições (conflitos) procurando superá-las. Essa concepção de dialética foi primeiramente empregada pelo filósofo na intenção de resolver o conflito entre as instâncias antagônicas da realidade. A partir do seu uso, podemos constatar que a dialética de Heráclito é muito útil para pensarmos a crise, visto que a crise como separação só poderia ser superada

---

[5] PLATÃO. In: *Os pré-socráticos. Op. cit*, p. 85.

Crise – As metamorfoses da condição humana

a partir do emprego dialético do juízo. Assim, os dois sentidos do conceito de crise na antiguidade grega se unificam a partir desse método.

Se toda a existência pressupõe a separação e a fratura, podemos concluir, inicialmente, que a crise é inerente à vida. Os filósofos gregos chamavam de *krisis* a própria operação intelectual, pois o ato da escolha provoca a separação. Tanto no plano físico quanto no psicológico, o processo de separação se encontra presente. Desse modo, o ser humano é a consciência da crise, mas se mostra eternamente inconformado com ela. Se hoje temos uma percepção mais aguda da crise é porque os abismos criados por ela se aprofundaram ao invés de serem transpostos: as fraturas se inflamaram.

A crise é a nossa condição, mas queremos superá-la, retirá-la de nossa existência, derrotá-la. Porém, ela é sempre vencida pelo tempo, pela História, mas se amplia também com a desesperança, com a falta de respostas para ela. A palavra *crise* aponta para o momento de transformação, de separação do antigo e uma porta aberta para o novo. Mas essa seta, no início, sempre indica um caminho vazio. No entanto, podemos deixar aqui como direção para essa seta o fragmento mais conhecido e talvez o mais obscuro de Heráclito, resumindo toda a sua concepção da existência humana: "Nos mesmos rios entramos e não entramos, somos e não somos"[6].

---

[6] HERÁCLITO, *op.cit.*, p. 92.

2

Ordem e desordem

A partir da metamorfose de Kafka e do movimento perpétuo de Heráclito, chegamos a uma primeira conclusão a respeito da crise: ela existe em razão da condição de conflito que funda a existência humana e o ritmo da vida. Se o conflito é a razão da crise, e sua consequência direta é a metamorfose do homem e das coisas do mundo, devemos nesse momento analisar os modos pelos quais ele se manifesta.

Desde a Antiguidade, a humanidade enquadra o mundo por meio de limites: gênese e apocalipse, vida e morte, formação e deformação. Ou seja, o mundo é visto a partir da instável situação entre equilíbrio e desequilíbrio. Se a crise é um fenômeno de metamorfose, gerada pela constante mudança das situações no tempo, podemos dizer que ela proporciona uma dinâmica instável entre ordem e desordem. A passagem da ordem para a desordem se dá pela ativação do conflito, da instabilidade e desequilíbrio entre os desejos individuais e a situação coletiva.

Ordem e desordem já estavam presentes nas mitologias antigas que criaram uma forma para o mundo e uma explicação para a sua criação. Na mitologia grega, desordem e ordem eram deuses atribuídos à própria formação do universo. *Caos*, o primeiro deus do universo, o que concebe os seus filhos por

Crise – As metamorfoses da condição humana

separação, semelhante à reprodução celular, é relacionado à desordem. Os seus filhos são pedaços de seu corpo e o universo surge do processo de fragmentação dessa unidade primordial.

Por outro lado, *Eros* era um dos filhos de *Caos* e também o seu contrário, a ordem. Se *Caos* gera a vida através da separação dos elementos, *Eros* faz a manutenção da existência por meio da união ou fusão dessas partes separadas. Desse modo, atingimos a segunda definição de crise, o juízo ou a decisão que proporciona uma reunião das partes despedaçadas. *Eros* é o unificador e coordenador dos elementos, contribuindo para a metamorfose do caos em cosmos, ou seja, de desordem em ordem.

Ambos os deuses são arquétipos de forças naturais e humanas que se mostram presentes na analise filosófica de Heráclito, em que os elementos da natureza originam-se da separação e se fundem na fomação de um novo. *Caos* e *Eros* são forças criadoras do universo que se caracterizam por polaridades diferentes, ou seja, pelo conflito. Tais estórias a respeito da narrativa mitológica da origem do universo nos ajudam a compreender a origem da crise, o processo de separação já enunciado na definição do capítulo anterior. O universo nasce da crise, da separação, e busca constantemente a reunião de seus elementos.

Passando da mitologia para uma análise contemporânea da ordem e da desordem, podemos fazer uma inversão entre esses termos. A ordem pode ser compreendida, num sentido geral, como o estado de um conjunto, em que todos os elementos estão em seu devido lugar seguindo uma certa regularidade. A ordem opõe-se naturalmente à desordem, que por sua vez é o desarranjo desse conjunto regular, provocando a assimetria das relações entre os seus elementos. Instauramos novamente o conflito para enquadrar a vida. Na análise da crise, a desordem é um momento perigoso ou difícil de uma evolução ou de um processo, o estado caótico em que o arranjo regular do processo é quebrado, e o organismo, ou indivíduo, entra em uma busca dolorosa pela solução da cisão. O que foi a metamorfose de Gregor Samsa senão uma quebra da ordem biológica, seguida de um processo angustiante, e frustrado, para reequilibrar a ordem perdida?

Porém, nesse momento podemos perceber que a ordem também retorna constantemente à desordem, ou melhor, a ordem é acompanhada pela desordem no processo incessante de metamorfose, de transformação das formas vivas. O equilíbrio seria a situação ideal, mas vivemos entre pesos e contrapesos com poucos momentos de estabilidade. Novamente voltamos ao estado de contradição no qual a nossa vida parece tentar se equilibrar. Heráclito continua a nos acompanhar, pois a vida na sua mutabilidade é uma constante tentativa de manutenção da ordem, mas acompanhada sempre das desestabilizações da desordem. Um sistema contém na sua ordem pontos (lacunas) que permitem a sua própria desordem, pontos críticos que permitem a transformação e superação. Eles permitem a mobilidade da existência, uma dinâmica que impede o repouso completo.

O conflito foi estudado em pelo menos duas dimensões na sociedade moderna: a interna (psicológica) e a externa (sociológica). Com isso não queremos dizer que o aspecto interno e o aspecto externo do ser humano são esferas distintas, mas apenas ressaltamos que a tônica da Psicologia e a da Sociologia, como disciplinas que estudam a crise, são diferentes. A Psicologia concentra-se na mente humana como objeto de estudo e a tensão que estabelece com a situação social. Já a Sociologia focaliza a atenção sobre o aspecto coletivo do homem e conclui os desarranjos externos e internos do indivíduo a partir da sua organização coletiva.

Podemos notar que tanto no âmbito psicológico quanto no social, a contínua regulação entre ordem e desordem mostra-se presente. O conflito psicológico compreende a necessidade frustrada de realização íntima do indivíduo no meio social. Cria-se desse modo uma tensão com a ordem dos valores de um grupo. Já o conflito social pressupõe uma necessidade de realização coletiva e tensiona com a ordem política e econômica existente.

O filósofo francês Michel Foucault (1926-1984) observou em seu livro *As palavras e as coisas* que as disciplinas que estudam o ser humano, as Ciências Humanas, o fazem sempre a partir da relação de conflito entre sua constituição e a organização do seu ambiente. Ou seja, no nosso caso, podemos compreender as ciências humanas como um conjunto de disciplinas modernas que se dedica ao estudo da situação de crise tornada constante desde o século XIX.

Segundo Foucault, a base das ciências humanas (Psicologia e Sociologia) concentra-se na Biologia e na Economia. Na Biologia, o homem é visto como um organismo que possui "funções" naturais e que, ao receber estímulos do ambiente, procura se adaptar aos desequilíbrios ocasionados, às desordens, encontrando "normas" de ajustamento para exercer suas funções naturais. Já na Economia, o homem é compreendido como ser em constante busca de satisfação através da realização de suas necessidades e desejos. Mas para realizar esses

Michel Foucault

desejos ele se insere em um sistema de conflito, opondo-se aos outros e criando "regras" para a obtenção desse "lucro".

Desse modo, com base na Biologia e na Economia, as ciências humanas são construídas e o ser humano entendido através de suas funções e desejos, adaptações e conflitos. Estudar a existência humana na sua instância individual e social é uma tentativa de analisar a relação conflituosa entre as suas condições e desejos frente à oposição do mundo e de suas normas. A partir das modulações desse conflito, as crises se acentuam, ora sendo mínimas e outrora muito graves. Analisaremos nesse momento a crise no homem moderno e como se procedeu o seu estudo.

A condição trágica

A Psicologia procura estudar a relação entre situações de ordem e desordem que são produzidas no contato do indivíduo com o seu meio, ou seja, estuda as situações de crise mental e comportamental. Antes de tratarmos da Psicologia, de seu desdobramento na Psicanálise, e da crise no homem moderno, devemos olhar para a *tragédia*, um gênero literário oriundo da Grécia Antiga que teve grande importância para o estudo dos comportamentos em conflito feito por essas disciplinas.

A grande importância da tragédia para a Psicologia e para este livro sobre a crise reside no fato de que é uma forma literária que se concentra no conflito. Este ocorre geralmente entre o personagem e uma instância maior que ele, como a sociedade, as leis, os deuses ou o destino. Em suma, um conflito entre ordem e desordem. Seu objetivo era provocar por meio da paixão ou do temor provocados pelas situações de tensão, a expurgação (limpeza e correção) dos sentimentos, chamada de *catarse* por Aristóteles.

Crise – As metamorfoses da condição humana

O filósofo grego Aristóteles (384-322 a.C.) foi o maior teórico da tragédia clássica. Para ele, o drama trágico deveria ser estruturado em três momentos (prólogo, episódio e êxodo) que por sua vez contém três condições para o desenvolvimento da estória: personagens elevados na condição de heróis, reis ou deuses; apresentação por uma linguagem erudita e, por fim, possuir um final triste (o êxodo) onde ocorre a destruição ou loucura dos personagens sacrificados devido à sua intenção orgulhosa de se rebelar contra as forças do destino.

A tragédia foi assim, além de gênero literário, um modo de expor e tratar publicamente os conflitos humanos através da exposição do choque existente entre as vontades individuais e os limites do mundo exterior que impediam a sua realização plena. Trabalha por meio da linguagem poética, os temas que a psicologia viria a manipular no século XIX: o conflito entre a vontade humana e seu gerenciamento pelas instâncias exteriores a ele, gerando censuras e traumas.

Esse gênero tinha grande papel na cultura grega ao lidar com as situações de perturbação e reinstauração violenta da ordem. O herói trágico era aquele que desafiava a ordem dos deuses ou da lei e sofria as consequências de sua desobediência, do desequilíbrio que provocara. Para essa intenção, ou melhor, para que o drama trágico fosse completado, esse herói precisaria ser sacrificado, pois a desordem deveria ser superada para a reinstauração da ordem. Essa situação de sacrifício será permanente na formação da individualidade humana segundo a psicanálise de Sigmund Freud, pois a vontade humana não pode transgredir as leis sociais sem algum sofrimento.

A origem da tragédia encontra-se na tradição religiosa e poética da Grécia Antiga, mais particularmente nos cantos presentes nos rituais pagãos do deus Dionísio. No mito de Dionísio, filho de Zeus e de sua amante humana Sêmele, Hera, a esposa traída de Zeus, ordenou que os Titãs matassem o filho bastardo. Estes cortaram o seu corpo em sete pedaços, porém o seu coração fora salvo por Atenas que depois o entregou a Zeus, possibilitando que este provocasse o renascimento de seu filho. Assim, Dionísio é um deus morto e renascido, fragmentado e depois reunificado, símbolo máximo da tragédia e, em alguns aspectos, semelhante à simbologia da paixão cristã.

O filósofo alemão Friedrich Nietzsche (1844-1900) publicou em 1871 o livro *O nascimento da Tragédia*, um ano após a Alemanha ter entrado em guerra contra a França, portanto, em uma situação de crise como ocorrera com Heráclito. Nietzsche apresenta Dionísio como o herói "sofredor dos Mistérios"[7], devido ao seu mito. Segundo o autor, o "despedaçamento" de Dionísio corresponde à "paixão dionisíaca", o drama sofrido que provoca a metamorfose do seu corpo, no qual cada parte dele se transforma nos elementos da natureza (ar, água, terra e fogo). Dionísio, assim, é o herói trágico que experimenta o primeiro sofrimento, a primeira crise.

Nietzsche faz uma análise dos três corpos de Dionísio e vai ao encontro daquela dialética de Heráclito referente à separação e reunificação dos elementos da natureza, ou seja, a própria crise. O primeiro corpo representava uma unidade, uma ordem sem dor. O segundo corpo, mutilado, corresponde à fragmentação, à desordem, ao luto do primeiro sofrimento experimentado. Simboliza muito bem o mundo moderno segundo ele: "dilacerado, destroçado entre indivíduos". E o terceiro corpo, renascido, é o "fim da individuação", fim do luto e a volta da alegria[8].

Dionísio torna-se uma imagem para o estado de crise, pois a fragmentação do seu corpo corresponde à "fonte e o primeiro

---

[7] NIETZSCHE, Friedrich. *O nascimento da tragédia no espírito da música*. In: Os pensadores. São Paulo: Nova Cultural, 1996, p. 32.
[8] *Ibidem*, p. 32.

fundamento de todo o sofrimento" e, a partir dessa fratura, adquire uma dupla característica psicológica: um "demônio horripilante" e um "soberano benevolente".

A crise psicológica

Após o livro de Nietzsche, foram elaboradas a Psicologia e a Psicanálise na intenção de produzir uma explicação científica para o comportamento da mente humana. A Psicologia foi criada em 1879 por Wilhelm Wundt (1832-1920). O nome advém de uma junção de termos gregos que significa "estudo da alma", e surgiu como uma ciência que estuda os processos da mente e do comportamento humano, com a intenção de chegar a uma explicação para estes por meio dos processos mentais, procurando também preveni-los e modificá-los através da prática terapêutica. Com isso, a Psicologia pretende, por exemplo, estudar e resolver o problema das personalidades de difícil adaptação social (um exemplo de crise profunda), que nos seus casos-limite assumem comportamentos perigosos.

A Psicanálise, criada por Sigmund Freud (1856-1939) na década de 1890, é um método de análise psicológica com a intenção de fazer esse mesmo tratamento dos comportamentos desviados (críticos), mas acrescentando a ideia de inconsciente, que não estava presente no processo de estudo psicológico. Para Freud, as neuroses humanas surgem do conflito entre as fantasias do inconsciente, que é uma espécie de região profunda da mente humana, e a não aceitação destas por parte da cultura e da sociedade, ou seja, da "civilização" como denominou. Desse modo, Freud pretendeu estudar as personalidades em crise a partir do conflito entre os desejos íntimos do indivíduo e a sua situação social.

Sigmund Freud

Segundo sua concepção, os desejos do inconsciente profundo não aceitos pela sociedade são basicamente de natureza sexual. Se nos voltarmos para o mito de Dionísio, veremos que ele também era considerado o deus da sexualidade, do desregramento, levando aqueles que não o aceitavam à loucura. O seu mito se encaixa perfeitamente na doutrina de Freud, pois, para ele, a repressão sexual conduz o indivíduo à neurose, ou seja, a doença da alma, a uma crise profunda de identidade. A sexualidade tem sua raiz no inconsciente, que, na acepção de Freud, é a dimensão fundadora da personalidade humana, instintiva e selvagem, desobediente perante as regras da organização social. Dionísio representa a dimensão do inconsciente que procura expressar os seus desejos, mas encontra a censura social. Assim, Freud se utiliza de diversas situações trágicas para compreender e explicar o conflito existente entre a psique humana (os nossos desejos e vontades) e as condições sociais que impedem a sua livre expressão.

No processo terapêutico, Freud se utilizava da técnica de associação, em que o paciente era ouvido e, a partir da análise das condições de sua formação e desenvolvimento, encontrava-se uma fratura que pudesse explicar a neurose. Do conflito entre as pulsões íntimas humanas e a resistência social e moral surgem as neuroses: um estado de crise acentuada do organismo psíquico humano. Isso explicaria em parte a metamorfose de Gregor Samsa em inseto: um estado de neurose causado pelo conflito entre os seus desejos e a opressão de seu ambiente.

Além dos estudos específicos sobre a mente humana e da dedicação ao tratamento de pacientes neuróticos, Freud escreveu alguns livros em que aplicava os conceitos psicanalíticos à situação social. No seu pensamaneto social, o homem encontra-se em uma situação insolúvel (uma crise sem superação no caso): o indivíduo só pode passar do estado natural para o social à medida que suas pulsões mais primitivas são bloquedas, quando a sua personalidade profunda é despedaçada e sacrificada, como em Dionísio. Esse bloqueio é dado pela civilização (ou cultura como também foi chamado) que cria uma censura para obter a ordem social. A humanidade, desse modo, é resultado do conflito irresolvido entre a pulsão e a civilização, entre o interior e o exterior, ou seja, vive eternamente em um estado de crise. As neuroses nessa concepção são o efeito do conflito, a manifestação sensível da crise no interior do organismo psicológico.

Em 1929, ano do início da *Grande Depressão*, a mais terrível crise econômica do século XX, Freud escreveu o livro *O mal-estar da civilização*, em que procura abordar esse conflito eterno entre as pulsões individuais e as censuras sociais. Para analisar as causas do conflito, o autor parte do estudo da constituição da individualidade humana para, em seguida, observar como esta entra em conflito com o ambiente: a dinâmica entre "função" biológica e "normas" de adaptação processada através do conflito.

Freud parte da constituição da individualidade para explicar a crise, o que ele nomeia de "mal-estar". O *Eu*, essa individualidade ressaltada pelo autor, é uma construção da racionalidade ocidental que nos dá a impressão de que temos uma instância irredutível de nossa existência. Algo claro, sólido, seguro e autêntico que não pode ser rompido. O problema dessa compreensão, segundo Freud, está no fato de que filósofos como Sócrates e Descartes, os grandes defensores dessa solidez do *Eu*, não levaram em consideração o inconsciente, uma força desconhecida que é capaz de deformar a clareza da mente consciente e racional, dissolvendo as fronteiras entre a lucidez e a ilusão. O *Eu*, sendo essa barreira entre a nossa constituição interna e o entorno social, é em muitos momentos corrompido através de forças profundas do inconsciente humano, como o amor e os impulsos doentios. É o momento em que a razão perde o controle e entra em desordem.

O processo de formação do *Eu* é um conflito entre o prazer e o sofrimento, a sensação primordial de conflito, a luta entre o mundo interno e externo. O maior sofrimento para o ser humano é esse estado de separação entre o interno e o externo, algo semelhante ao mito de Dionísio – aquele que primeiro experimenta o sofrimento através de sua mutilação – e ao mito do Caos, que cria o universo a partir de pedaços do seu próprio corpo. Ambos os mitos auxiliam no entendimento da formação da subjetividade humana, que se desenvolve a partir da fragmentação do que era único e inseparável, do "despedaçamento".

A crise sob o aspecto psicológico é o estado em que uma ordem, como "fonte de prazer", é rompida, incorrendo na desordem e no desprazer. O "princípio de realidade", essa força que retira a mente humana da condição ideal e insere-a na condição trágica, faz com que as pessoas observem o sofrimento e criem condições para se defender deles, ou melhor, gerenciar o desprazer. Nesse caso, os distúrbios patológicos para Freud são uma tentativa radical de suprimir o sofrimento.

Crise – As metamorfoses da condição humana

Para Freud, o objetivo da vida humana é buscar o prazer e afastar o sofrimento. Por essa razão a ideia de crise é para nós tão angustiante, pois ela acarreta desordem e desprazer. Porém, o autor aponta que esse objetivo tão almejado nunca será plenamente satisfeito, visto que o mundo exterior do indivíduo é a grande fonte de desprazer, ele prejudica o "princípio do prazer". Ou seja, estamos todos fadados à condição trágica de não conseguir retornar àquele estado da primeira infância em que o mundo se apresentava como unidade, apenas a partir do prazer.

O sofrimento ataca esse desejo máximo de prazer e nos lança na condição trágica de três modos: 1) a partir da condição mortal e perecível do nosso corpo, "condenado à decadência e à dissolução"; 2) através das forças destruidoras do mundo externo que nos afrontam diariamente; 3) e, por fim, por meio dos relacionamentos com outras individualidades, que para Freud é o maior sofrimento dentre os três. O ser humano aprende que tal "princípio de realidade" é a moderação de suas expectativas como forma de defesa, reduzindo, assim, o sofrimento.

O autor observa que a mente humana é gerida por duas forças primitivas e que fundam a nossa psique, mas que vivem em constante conflito: *Eros* e *Tânatos*. A primeira é a "pulsão de vida", a pulsão sexual responsável vela união da vida orgânica e por sua manutenção. Já a segunda, é compreendida como "pulsão de morte", força que opera de modo inverso a *Eros*, agindo para destruição da vida e não para sua conservação, para o retorno à condição de inorgânica. Desse modo, a humanidade se desenvolveu ao longo de sua história a partir da relação conflituosa entre a sexualidade e a agressividade, os dois impulsos que movimentam a História.

Eros é na mitologia grega o deus do amor. *Eros*, como o deus da ordem, aquele que regulariza inteligentemente o universo em pedaços criado por *Caos*, é também a força que mantém a vida. Freud utiliza esse arquétipo para nomear o conjunto de pulsões que busca fazer a manutenção da vida, como as tendências sexuais e os desejos produzidos. Amor e sexualidade não se diferenciam em termos de função, pois ambos buscam o prazer, sendo o mais importante método para alcançá-lo, acima do consumo de drogas, da devoção religiosa e da apreciação de obras de arte. O amor é para o autor, um "conjunto de processos mentais internos que dirigem a sua libido para um objeto para extrair satisfação deles"[9].

Se a sexualidade é um dos aspectos fundamentais da existência humana, o outro é a agressividade. Identificada com *Tânatos*, uma espécie de mensageiro da morte na mitologia grega, a agressividade é, ao lado da sexualidade, uma força psíquica poderosa, porém, representa o lado obscuro da existência humana capaz de causar dor e sofrimento aos outros indivíduos. A maior tarefa da civilização é controlar essa agressividade para que a ordem não entre em colapso. Para Freud, esse impulso existe desde a infância quando o indivíduo nem sequer tem consciência da existência desta. Nesse sentido, ele faz uma crítica ao socialismo, que vê a agressividade como produto da "propriedade privada".

A agressividade para ser controlada precisa ser descarregada. Desse modo se criam competições esportivas e guerras como uma válvula de escape para esse impulso. A civilização se constrói a partir do gerenciamento entre *Eros* e *Tânatos*, sexualidade e agressividade. Portanto, Freud se utiliza da dialética para compreender o progresso e as situações históricas que nascem desse conflito primordial. O conflito entre *Eros* e *Tânatos* é o

---

[9] FREUD, Sigmund. *O mal-estar na civilização*. Edição Standard Brasileira das Obras Psicológicas Completas de Sigmund Freud – Vol. XXI. Rio de Janeiro:Imago, 1974, p. 101.

motor do desenvolvimento humano, relacionando-se como tese e antítese. A relação entre os dois impulsos é movida pelo conflito já ressaltado por Heráclito, que chega a uma síntese através do processo de civilização, que por sua vez regulamenta as regras para essa tensão. Porém, devemos ressaltar que, como a História é permanente mutação, cada momento seria um estágio do delicado equilíbrio que a sociedade alcança nessa relação entre as pulsões. Em momentos de guerra, há um desequilíbrio em que o instinto de destruição é maior que o de preservação; em momentos de paz ocorre o inverso.

A regulação de *Tânatos*, a "pulsão de morte", surge no pensamento de Freud através da autoridade, que é um modo de controlar a agressividade estabelecendo as barreiras para o impulso de destruição. Temos duas instâncias de autoridade criadas pela civilização: a interna e a externa. A interna é um desenvolvimento psíquico que nasce no indivíduo em espelhamento do poder externo que regula a agressividade. Este, representado pelo governante, pelo pai ou pelos deuses, introjeta-se no indivíduo naquilo que Freud nomeou de *superego*. Também chamado de *supereu*, é um mecanismo de censura produzido pela experiência social do indivíduo que não lhe permite externalizar a sua agressividade, obrigando-o a recalcá-la, ou seja, conservá-la dentro de si. O superego é um censor que orienta essa agressividade internalizada a partir da punição, criando o chamado "sentimento de culpa". Ele fiscaliza os desejos e pulsões humanos e faz com nos sintamos culpados pelos nossos impulsos agressivos.

A partir dessa análise da dolorosa formação da individualidade humana, que é um legítimo processo de metamorfose, Freud analisa as relações sociais como a "fonte social de sofrimento". Compreendendo a civilização e a cultura como as normas estabelecidas para a existência social, o autor observa que estas impõem aos indivíduos regras e limitações que impedem uma conquista plena da felicidade. Fazendo uma síntese das ideias presentes nos primeiros pensadores sociais, como Hobbes e Rousseau, ele afirma que a civilização se inicia com a regulamentação das relações sociais. Ou seja, é o momento em que o indivíduo faz a passagem do estado de natureza – instintivo e livre – para o estado social – racional e regrado:

> *A substituição do poder do indivíduo pelo poder de uma comunidade constitui o passo decisivo da civilização. Sua essência reside no fato de os membros da comunidade se restringirem em suas possibilidades de satisfação, ao passo que o indivíduo desconhece tais restrições.*[10]

Desse modo, a civilização é um órgão regulador das relações coletivas a partir das restrições às liberdades individuais, experimentadas pelos indivíduos no seu estado pré-social. Porém, esse é um estado de sacrifício. Se, por um lado, ordena a situação coletiva, desordena a situação individual, provocando fraturas na mente humana. De certo modo, essas questões já se encontravam na tragédia grega, em que a rebelião individual era sacrificada pela força maior, no caso, os deuses ou as leis sociais.

O ser humano para Freud, vive constantemente em um estado de conflito com a civilização, com a sociedade, devido à restrição de sua liberdade. Nesse sentido, cada transformação social, cada revolução, torna-se uma tentativa de superar esse conflito, as inquietações humanas, incorrendo na evolução da civilização. Ou seja, as revoluções são válvulas de escape, momentos de desordem, que procuram alterar a ordem estabelecida pelos reguladores sociais. Voltamos, nesse momento, a

---

[10] *Ibidem*, p. 115.

Prometeu, o deus que traz a luz para os homens, em desobediência a Zeus, fazendo uma espécie de revolução, buscando alterar a ordem e o sofrimento humano e reinstaurar uma nova ordem.

Por último, Freud chega ao órgão mais sensível da existência humana, aquele que absorve todos os conflitos pelos quais passamos: a consciência. Para Freud, a consciência é um produto da autoridade do superego como entidade repressiva do impulso agressivo, o qual é um reflexo do impulso agressivo originado pela força da autoridade externa. É o entendimento pelo indivíduo das restrições ao impulso de agressividade através das reações provocadas como o "sentimento de culpa".

Assim, para Freud, a civilização se funda à medida que constrói a capacidade de regular, impondo severas restrições, a dois impulsos estruturais da vida humana: a sexualidade e a agressividade. Porém, nós, como seres humanos, vivemos junto com o conflito, o desejo de insurreição, a vontade de se emancipar das coerções do grupo que nos impele a desordens em busca por instaurar novas ordens. Vivemos a situação de crise: fratura e reunião.

A condição utópica

As crises econômicas e sociais são as situações de conflito e metamorfose que mais catalisam as atenções na sociedade moderna. Ambas colocam em risco a estabilidade da organização coletiva levando a situações de apreensão muito acentuadas, estando circunscritas nesse delicado equilíbrio entre a ordem e a desordem, a estabilidade e a transformação.

A Sociologia analisa o homem nas suas relações sociais a partir das regras que a organização coletiva impõe para a satisfação das necessidades do indivíduo, que constantemente gera conflitos com tais regras. Notamos que é um princípio reflexivo semelhante à Psicologia, em que o indivíduo busca o prazer, mas encontra a restrição. Essa semelhança cria um cruzamento entre as duas disciplinas, em que a homem no sentido sociológico também pode ser analisado a partir de suas funções na sociedade e das normas de sua adaptação. De outro modo, como a Psicologia, a Sociologia procura pensar a relação entre ordem e desordem social, estudando a situação de crise no modelo de organização coletiva.

Se a tragédia parecia ser um estado constante da vida mental do indivíduo, no aspecto social e econômico se criou inúmeras teorias para superar a crise, impulsionadas pela noção de *utopia*. Esta, antes de ser definida na modernidade, encontra-se desde a Antiguidade no desejo humano por uma sociedade igualitária que seja capaz de suprir as desigualdades humanas e minimizar o conflito, como, por exemplo, no livro *A República*, do filósofo grego Platão, escrito entre 384 e 377 a.C.

Em 1515, o pensador inglês Thomas More escreveu um livro intitulado *Utopia*, associando os radicais gregos *ou* (não) e *topos* (lugar) para nomear a narrativa de uma civilização ideal. *Utopia* é um ensaio político-social em que More critica os modelos administrativos da Inglaterra e dos Estados europeus – que provocavam a pobreza e as guerras devido à falta de igualdade entre os habitantes – a partir da construção de um modelo social alternativo. Para se contrapor a esse modelo vigente, que é uma ordem, mas proporciona a desordem social através da desigualdade, o autor descreve uma ilha desconhecida em que os homens vivem um estado harmônico entre a individualidade e a coletividade. Essa ilha foi inspirada nas narrativas do explorador Américo Vespúcio em suas viagens pela costa brasileira, mais especificamente pela ilha de Fernando de Noronha. No livro de More, Vespúcio transforma-se no personagem Rafael Hitlodeu, o explorador que encontra uma sociedade organizada racionalmente, estabelecida sobre a propriedade comum dos bens e, principalmente, com o conflito minimizado entre os habitantes.

Utopia é uma sociedade sem crise. Para que este estado seja sustentado, a administração coletiva segue "regras" capazes de controlar o conflito social entre os seus habitantes. As habitações são padronizadas de modo igualitário, o trabalho é dividido entre períodos no campo e o tempo livre e a organização social é baseada na não-diferenciação econômica e de classes entre os habitantes. Essa ordem proporciona a igualdade dos habitantes da ilha e a criação de um estado de harmonia, em

Mapa da ilha de Utopia

que o conflito entre os interesses individuais e a sua possibilidade de materialização é eliminado devido ao equilíbrio dos desejos comuns. Em síntese, a comunidade utópica é assim caracterizada como uma sociedade perfeita na organização e na distribuição dos recursos, não havendo conflitos ou guerras para desistabilizar essa ordem.

Esse Estado idealizado por More deveria ser fundamentado no socialismo econômico e na tolerância religiosa, onde um povo subordinado a um governo justo teria uma vida equilibrada. A utopia, na sua idealização de um mundo novo, é a reação direta à crise vivida pelo homem moderno com o surgimento do capitalismo, em que a instabilidade social insere no cotidiano das pessoas momentos ora contínuos, ora irregulares. Nesse sentido, não é possível dissociar a crise econômica e social da modernidade do modelo administrativo do capitalismo.

A crise sociológica

A dinâmica do sistema capitalista levou a economia no mundo moderno para uma posição central na organização social. A partir dessa situação, o valor monetário é superexposto tornando-se mais sensível e sujeito a ondulações de diversos níveis. Thomas More escreve o seu livro no momento de expansão mercantil, a primeira fase do capitalismo, o chamado "capitalismo mercantil". A narrativa de Rafael Hitlodeu, o explorador de More, contrapõe-se ao explorador capitalista conhecido na história social. Este último não buscava o lugar ideal para uma nova sociedade, mas sim o lugar propício para desenvolver a exploração de matérias-primas comercializáveis na Europa, proporcionando com esse traslado o seu enriquecimento pessoal. Desse modo, devemos pensar esse comerciante que especula a geografia das potencialidades de lucro como um dos autores da modernidade e das crises modernas.

A origem do capitalismo situa-se no desejo de expansão mercantil do século XVI com as Grandes Navegações, em que por meio da exploração das margens geográficas do mundo conhecido é potencializado o tráfego de mercadorias, desejos, e consumos. É a primeira fase do capitalismo, também chamado de pré-capitalismo ou capitalismo comercial, em que o acúmulo de riquezas era gerado através do comércio de matérias-primas não existentes em território europeu. Ao mesmo tempo em que o sistema comercial é reinventado, provoca-se o rompimento dos diques de retenção cultural que a Europa central, e os países que depois viriam a ser coloniais, mantinham como sustentação de um sistema sócio-cultural estável e seguro.

O princípio essencial da atividade econômica no sistema capitalista é a obtenção de lucro, que tem sua contrapartida no risco. Assim sendo, o capitalismo pressupõe certa flutuação econômica em que o risco presente nas atividades especulativas e produtivas gera constantes crises. O historiador Arnold Hauser é um dos que ressaltam o caráter inorgânico, liquidificado, que a teoria e a prática do novo racionalismo econômico surgido no século XVI impõem ao sistema de organização das riquezas. Diz ele:

a característica mais notável da nova filosofia econômica é a compreensão que revela da natureza fictícia, variável do preço de mercado, sua dependência de circunstâncias de momento, sua apreciação do fato de que o valor de uma mercadoria não é de forma nenhuma constante, mas está em plena flutuação.[11]

---

[11] HAUSER, Arnold. *História social da arte e da literatura.* São Paulo: Martins Fontes, 1998, p. 294.

A "flutuação" citada por Hauser explica a instabilidade no modo de representação e comportamento do valor decorrente da postura do capitalista, que quebra a segurança da economia medieval. Como um explorador nesse novo mundo que se abre com as Grandes Navegações, o capitalista não só altera significativamente o sentido da riqueza, mas proporciona a dissolução de certas ordens já estratificadas no mundo medieval: as sociedades fechadas do feudalismo ou do chamado mundo não-civilizado. A racionalização econômica universal produz a relatividade, a instabilidade e a flutuação na moeda e na mentalidade, ou seja, nas riquezas e nas concepções de mundo.

A racionalização da atividade econômica gera a prática da especulação e aumenta a margem de risco monetário, fazendo com que o estado sócio-cultural também adentre a crise de valores na medida em que sente os efeitos da instabilidade econômica. Nas suas causas, Hauser detecta a aceleração do capitalismo através da transferência da especulação marítima para o Atlântico, e da potencialização da especulação através da "mentalidade bolsista do século XVI", em que os negócios mais tentadores são ao mesmo tempo os mais perigosos:

> *Os níveis médios e inferiores da sociedade perdem o sentimento de segurança, a par de sua influência nas guildas, mas os capitalistas tampouco se sentem seguros. Se pretendem afirmar-se, não pode haver um instante de pausa para eles; mas, quando crescem, também penetram em esferas cada vez mais perigosas. (...) A segunda metade do século produz uma série ininterrupta de crises financeiras.*[12]

A expansão do mercado produz fenômenos variados em razão das demandas da nova situação econômica. Se por um

---

[12] *Ibidem*, p. 380.

lado amplia o mundo conhecido, por outro dissolve os valores humanos fixados. Permitiu um avanço na integração entre as regiões mais afastadas, mas produziu também a submissão dos países novos às demandas da colonização exploratória. A dissolução da identidade cultural é um resultado do processo de "civilização" que rompe as cercas espinhosas da organização tribal-feudal e passa a ser uma superfície vulnerável às flutuações do mar e às inconstantes sedimentações. Nesse sentido, diferentemente da concepção de Freud, o processo de "civilização" corresponde diretamente ao processo de capitalização, visto que se liga ao conjunto de características próprias a esse mundo europeu que, em sua expansão geopolítica, busca modificar e aperfeiçoar as condições de outros povos.

As consequências da expansão do mercado proporcionado pela Europa no século XVI geraram implicações profundas para a situação mundial. Os mercadores invadiram todas as partes do mundo rompendo a ordem de todos os lugares por onde passaram através dessa dinamização comercial. Tomemos por exemplo o caso brasileiro, em que a costa foi tomada pelos portugueses, a estabilidade indígena dilacerada e o conflito com estes instaurados, ao submetê-los a trabalhos forçados. No século XVII, com o tráfico de escravos, a África foi usurpada e muitos dos seus habitantes trazidos para o Brasil foram submetidos ao trabalho forçado e não remunerado, modificando os seus hábitos, as suas crenças e a sua expectativa na vida. O resultado desse processo é a formação de um território mestiço, racial e cultural, que não se assemelhava a nenhuma ordem anterior. Desse modo, a nova ordem é resultado da desordem e o processo de "civilização" instaura a crise.

Uma das consequências da expansão mercantil foi essa intensificação do fluxo migratório provocando a interpenetração dos povos, a fusão entre eles e a perda de identidades culturais:

a metamorfose social. Um fenômeno que o sociólogo norte-americano Robert Park nomeou como a "marginalização" da identidade cultural dos povos.

O "homem marginal", esse ser metamorfoseado pela nova situação econômica e social, é o homem em crise, típico da Idade Moderna. Essa situação marginal rompe a unidade e harmonia dos sistemas estáveis, fazendo com que "o estilo de vida" dos indivíduos e suas aspirações mudem completamente. A partir dessa expansão do capitalismo, outro sociólogo norte-americano, Everett Stonequist, aponta que a instabilidade torna-se a tônica do mundo moderno, a sua dinâmica própria, gerando uma situação que impossibilita o equilíbrio na estabilidade do repouso: "o mundo moderno, de competição econômica e mutáveis relações sociais, coloca o indivíduo numa situação em que a mudança e a incerteza são as notas dominantes"[13].

Stonequist observa as causas genéticas do homem marginal no mesmo fenômeno observado por Park, a expansão europeia: "o que mais tem influenciado o desenvolvimento dessa fase mundial de aculturação tem sido a difusão da civilização europeia pela superfície do globo"[14]. Em razão da propagação do sistema europeu de viver, "surgiram em consequência problemas de conflito cultural, os quais são tão difundidos e agudos que merecem atenção especial"[15]. Nesse sentido, o *life stile* europeu foi uma força de desintegração de diversas culturas e a disseminação de um estado cultural inorgânico, resultante da instabilidade da flutuação de valores. Assim, a dinâmica de mercado foi uma força de desagregação das culturas tradicionais, fechadas sobre si mesmas, e o fator de transformação destas.

---

[13] STONEQUIST, Everett. *O homem marginal: estudo de personalidade e conflito cultural.* São Paulo: Livraria Martins Editora, 1948, p. 34.

[14] *Ibidem*, p. 81.

[15] *Ibidem*, p. 81.

Crise – As metamorfoses da condição humana

A utopia moderna, surgida no século XIX, é como a de More uma crítica aos modelos administrativos da sociedade capitalista. A diferença reside no fato de que esse autor a concebeu no momento do capitalismo mercantil, ao passo que no século XIX a concepção de um mundo ideal surge do processo crítico e doloroso desencadeado pela divisão social do trabalho na economia industrial. Surgem nesse momento as utopias socialistas e comunistas que se concentram na distribuição uniforme dos bens, com frequência abolindo completamente a existência do dinheiro e com cidadãos fazendo trabalhos de que realmente gostam e com tempo livre para desfrutar as artes e as ciências, como ocorria em Thomas More.

Antes de analisarmos a segunda fase do capitalismo e as reflexões consequentes em torno da condição utópica, cabe observar como se deu o nascimento da Sociologia, uma disciplina científica surgida das situações provocadas pela sociedade industrial. Essa disciplina foi criada por Auguste Comte em 1838 com a proposta de estudar o comportamento humano a partir dos processos que interligam os indivíduos em grupos. Com o programa de fazer um estudo das sociedades humanas e dos fenômenos manifestados no comportamento coletivo, alcançou o seu desenvolvimento através dos estudos de Émile Durkheim, Karl Marx e Max Weber.

Se, por um lado, a Psicologia estuda o indivíduo na sua singularidade, por outro a Sociologia o analisa em sua pluralidade. Como uma disciplina moderna, surge das necessidades impostas pela industrialização que se iniciam no século XVIII. A questão principal que surgiu para os pensadores sociais do período era a situação ambígua entre a integração do mundo através da tecnologia e a fragmentação das experiências pessoais pela mesma. Tal contradição se revela nos grandes centros cosmopolitas, que criam modos de transporte e comunicação para unir a sociedade, mas favorecem também a mutilação das relações inter-humanas através do crescimento das cidades. Desse modo, os sociólogos pretendiam compreender essa dinâmica ambígua e criar propostas para remediar esse estado de fragmentação social.

A Sociologia surge desse modo como forma de entender essas mudanças e explicá-las, estando vinculada à consolidação do capitalismo moderno. A segunda fase do capitalismo, o chamado "capitalismo industrial", inicia-se com a Revolução Industrial e altera a ordem do capitalismo mercantil. O lucro, que antes provinha da exploração de matéria-prima nos países periféricos, nesse momento é gerado por meio do comércio de produtos industrializados produzidos nas fábricas europeias, invertendo o processo feito anteriormente. Essa nova fase do capitalismo é decorrente das transformações econômicas, políticas e culturais ocorridas na Europa do século XVIII, como as Revoluções Industrial e Francesa, que provocaram mudanças significativas da ordem social estabelecida nas tradições sedimentadas.

A gestação do mundo capitalista foi um processo longo, doloroso e violento, compreendendo a destruição brutal de antigos modos de vida pela substituição de modelos anteriores de controle social e supressão das formas de organização coletiva. No século XIX, consolida-se esse processo de capitalização iniciado no século XVI. Na Revolução Industrial, esse modelo se cristaliza junto com os seus problemas. A industrialização mudou a economia a partir da nova forma de trabalho empregada, convertendo grandes massas de trabalhadores agrícolas, acostumadas com a propriedade do resultado de seu trabalho, em trabalhadores industriais que não detinham os produtos fabricados no final do processo: é a chamada "alienação" do trabalho referida por Karl Marx. O triunfo da indústria capitalista foi pouco a pouco concentrando as máquinas, as terras e as

Crise – As metamorfoses da condição humana

ferramentas sob o controle de um grupo social, intensificando outro fenômeno também discutido por Marx: a "propriedade privada". Nesse momento, consolida-se a sociedade capitalista, que divide a sociedade entre burgueses (donos dos meios de produção) e proletários (possuidores apenas de sua força de trabalho).

Karl Marx (1818-1883), pensador alemão e uma das figuras centrais da Sociologia, é comumente colocado ao lado de Freud como um dos mais importantes pensadores da segunda metade do século XIX. Em *Manuscritos econômicos e filosóficos*, de 1844, Marx observa a situação de crise econômica, social e existencial do homem moderno através do que ele chama de "realidade dilacerada", ou seja, a situação de fratura entre homem e natureza provocada pelo capitalismo industrial dos séculos XVIII e XIX. A ação de dilacerar compreende o rompimento violento de alguma coisa ou organismo resultando em um ferimento ou em um trauma muito grande para este. Se voltarmos ao mito de Dionísio, o primeiro que, segundo Nietzsche, experimentou o sofrimento, o corpo dilacerado era o corpo em crise, fraturado e amargurado. O mesmo ocorre em Freud, em que a fratura da dimensão de realidade acontecia através do dilaceramento do princípio de prazer, provocando igual sofrimento para o organismo. Em Marx, o sofrimento também se encontra no exterior, na realidade, mas em uma realidade fabricada que retira do homem a relação íntima e íntegra com a natureza, colocando outra instância (a indústria e o capital) como mediadora do seu modo de relação fundamental com ela: o trabalho.

Para Marx, o trabalho é a categoria fundadora da vida social, e o modo como este é realizado implica a compreensão que se tem da realidade humana. Nesse sentido, a "realidade dilacerada" é uma situação de conflito e crise que se instaura na sociedade e nas vidas particulares, em que o trabalhador não vive mais um estado de harmonia com a natureza, onde possuía completo controle da sua força de trabalho, e entra em um estado de "alienação". Segundo Marx: "A realidade dilacerada da indústria confirma o próprio princípio dilacerado em si mesmo, muito longe de refutá-lo, pois seu princípio é justamente o princípio dessa dilaceração"[16].

Sabemos como o trabalho é o batimento cardíaco da organização social. Sofremos quando não o conseguimos realizar. Veja, por exemplo, como a Grande Depressão, ocorrida após 1929 nos Estados Unidos e no mundo, gerou crises profundas para essa sociedade em que as pessoas não podiam trabalhar pelo fato de a crise acabar com os empregos, com a circulação de riquezas. Como, para Marx, a essência humana se realiza na dimensão social, e esta, por sua vez, forma-se a partir da dimensão do trabalho, a crise resulta das transformações na esfera produtiva ocasionada pela indústria, que retira do trabalhador a detenção final do seu esforço. Surge então no autor o conceito-chave de sua análise da crise no capitalismo: a "alienação".

Karl Marx

---

[16] MARX, Karl. *Manuscritos econômicos e filosóficos*. In: *Os pensadores*. São Paulo: Nova Cultural, 1987, p. 170.

Crise – As metamorfoses da condição humana

A alienação pode ser compreendida como a situação vivida por alguém que é despojado daquilo que constitui o seu caráter essencial, a sua razão de existir e de viver. Mas também pode ser um estado de crise em que o sujeito sofre uma fratura e passa a viver sem a consciência de seus verdadeiros problemas. Em Marx, a "alienação" consiste no não reconhecimento do homem naquilo que ele produz, ou seja, no fato de que o produto fabricado não lhe pertence. Na sua concepção, o ser humano exprime a sua essência na produção de objetos exteriores (o trabalho). Quando alienado, o sujeito vê no objeto do seu trabalho algo estranho a ele, fazendo da "alienação" um estado de fratura entre a sua essência humana e aquilo que ele exterioriza.

Marx trabalha a ideia de crise humana no conflito entre a sua essência e o produto do seu trabalho. A fratura surge no momento em que os seus aspectos subjetivos se separam de sua condição objetiva, a produção de objetos pelo trabalho, gerando esse estado "dilacerado" em que a indústria exige a alienação da sua força de trabalho e não lhe permite o domínio sobre os objetos fabricados. Portanto, a crise é a fratura entre o homem e a natureza, entre o ser humano, o trabalho e o produto, que se torna maior através de outra noção fundamental nos textos de Marx: a "propriedade privada". Esta, por sua vez, é "a expressão material da vida humana alienada."[17].

Desse modo, a dimensão maior da crise social do homem da modernidade industrial, para Marx, é o conflito entre "a falta de propriedade e a propriedade privada"[18]. Ao passo que muitos não têm nada, outros possuem muito. É um desequilíbrio na distribuição de riquezas que implica na desigualdade e no conflito entre a instância dos despossuídos e dos possuidores.

---

[17] *Ibidem*, p. 174.
[18] *Ibidem*, p. 172.

A "alienação", sendo a marca da crise moderna, é também a forma sensível para se pensar a transformação desta sociedade e resolver a crise, ou seja, é a chave para utopia moderna. Vimos como Thomas More descreve a sociedade utópica a partir da riqueza socializada para chegar a uma equação em que a crise fosse minimizada. A utopia moderna não é necessariamente um outro lugar, mas a transformação profunda do lugar em que vivemos por meio da supressão desses dispositivos que produzem conflito.

A constituição desse mundo capitalista industrial ocorre por meio de uma metamorfose social, produzida a partir do conflito entre uma classe exploradora (a burguesia) e outra explorada (o proletariado). O resultado imediato desse conflito e da crise social do homem moderno foi a chamada luta de classes, que teve no ano de 1848 a sua data mais significativa.

Desde o final do século XVIII, o movimento dos trabalhadores urbanos passa da discussão em face da exploração para um projeto político de classe: a revolução socialista. A partir daqui é que se define, com mais afinco, o pensamento social moderno, do qual Marx é resultado. Em 1848, a insurreição da classe operária visava à recuperação da "essência" do homem moderno rompendo com o processo de alienação ao exigir novos direitos para o trabalhador. Foi um protesto contra a exploração capitalista, que submetia os operários a jornadas desumanas em troca de uma baixa remuneração. Quatro anos após os *Manuscritos* de Marx, o trabalhador pretende romper com o estado de alienação e torna-se consciente de sua própria situação de crise. O conflito doloroso e sangrento advindo dessas revoltas, compreendendo a sua violenta repressão, acaba com o sonho de "liberdade, igualdade e fraternidade" que ecoava da Revolução Francesa, e põe a nu o caráter opressivo da organização social do século XIX.

Crise – As metamorfoses da condição humana

As batalhas de 1848 tornaram explícito o processo de dominação de uma classe sobre a outra, através da exploração mal remunerada de sua força de trabalho. Observamos que Freud escrevera que as revoluções são uma tentativa de superar o conflito, uma desordem necessária para instaurar outra ordem. Nesse momento, o pensamento social tem que se posicionar também: ou a favor ou contra a revolução socialista. E é a favor da primeira que Marx situa o seu pensamento e abre caminho para as utopias modernas. Como já ressaltamos, a utopia moderna não compreende um lugar distante, mas a mesma sociedade industrial transformada pela intenção do trabalhador explorado em se emancipar de sua alienação, ou seja, superar a crise e a sua tragédia social.

Marx vê no comunismo – a distribuição igualitária da riqueza produzida na sociedade – a possibilidade de superação dessa alienação e da crise do homem moderno: "o comunismo como superação positiva da propriedade privada, enquanto autoalienação do homem, e por isso como apropriação efetiva da essência humana através do homem e para ele"[19]. Nesse momento, o autor volta claramente à *Utopia* de Thomas More em busca da sociedade sem conflitos. O comunismo é, para Marx, a possibilidade de superação do conflito através de sua comparação com as ideias de "naturalismo" e "humanismo". Se a essência humana se faz na organização social que tem a sua perfeita expressão no trabalho, na produção de riquezas, o homem só suplantaria a crise como fratura entre ele e a natureza a partir da superação da propriedade privada e da instauração de uma propriedade coletiva: uma dimensão humana mais justa. Diz o autor:

---

[19] *Ibidem*, p. 174.

> *Esse comunismo (...) é a verdadeira solução do antagonismo entre o homem e a natureza, entre o homem e o homem, a resolução definitiva do conflito entre existência e essência, entre objetivação e autoafirmação, entre liberdade e necessidade, entre indivíduo e gênero. É o enigma resolvido da história e se conhece essa solução.*[20]

De forma ousada, Marx apresenta sua solução para a crise: a socialização da propriedade e da riqueza. A partir desse ato, segundo ele, não haveria mais lutas pela conquista destas, equilibrando a relação entre desejo e consumo. O socialismo-comunismo visa reinventar a noção de sociedade e eliminar o conflito-crise. É para Marx uma espécie de "ressurreição" após o dilaceramento, como ocorrera mesmo com Dionísio, o deus dilacerado e depois reunificado, renascido, aquele que supera a crise: "a sociedade é, pois, a plena unidade essencial do homem com a natureza, a verdadeira ressurreição da natureza, o naturalismo acabado do homem e o humanismo acabado da natureza"[21]. Dois dos acontecimentos mais catastróficos dessa segunda fase do capitalismo foram a Primeira Guerra Mundial e a Crise de 1929.

A Primeira Guerra foi um acontecimento diretamente relacionado com o processo conflitante da expansão do mercado industrial, o resultado do choque entre a ordem tradicional e a modernização econômica que despontou na Europa a partir da segunda metade do século XIX e começo do XX. Foi uma válvula de escape para as tensões em torno da modernização econômica a partir da Revolução Industrial. Essa modernização, por sua vez, chocou-se primeiramente com a tradição pré-industrial e provocou tensões internas em cada país em que aconteceu.

---

[20] *Ibidem*, p. 174.
[21] *Ibidem*, p. 175.

Crise – As metamorfoses da condição humana

Assim, podemos dizer que a modernidade é um processo de transformação econômica, social e cultural que instaura crises constantes no modo de vida das coletividades. A modernidade produziu crises por onde passou. Lembremos novamente de Freud que apontava as guerras como um desequilíbrio nas pulsões humanas que leva ao desejo de agressividade e traz consequências desastrosas para a "civilização". Nesse sentido, aliando Freud e Marx, o desejo agressivo de conquistar territórios para maximizar o lucro das nações cria impulsos violentos advindos da incessante busca pelo lucro.

Depois da guerra com a França (1870), a Alemanha tornou-se uma grande potência, com enorme parque industrial e grandiosa frota mercante. A necessidade de conquistar mercados, de assegurar a colocação de seus produtos industriais no território

Trincheiras da Primeira Guerra (1916)

internacional, provocou a rivalidade com outras duas poderosas nações industriais: a França e a Inglaterra. Por sua vez, a Rússia também se tornou rival da Alemanha a partir de sua pretensão colonial, dando origem à formação no período de dois blocos rivais: de um lado a Tríplice Entente, formada pela França, Inglaterra e Rússia; e de outro a Tríplice Aliança, constituída pela Alemanha, Áustria-Hungria e Itália. Em 28 de Junho de 1914, na cidade de Sarajevo (Bósnia), o príncipe austríaco Franz Ferdinand foi assassinado por um estudante sérvio. A Sérvia era aliada da Rússia e, assim, a Tríplice Aliança declarou guerra à Tríplice Entente. O conflito se estenderia até 1918.

Um ano antes do término da guerra, ocorre a realização do sonho de muitos trabalhadores e intelectuais europeus: uma revolução comunista. A Revolução Russa de 1917 foi a tentativa radical de superação de crise que assolava a Rússia na década de 1910. A sociedade havia perdido a confiança no governo czarista desde 1915 com as baixas na Primeira Guerra, os problemas de abastecimento para a população, levando esta à miséria absoluta. Para aumentar a tensão, emergiram movimentos grevistas e, desse modo, a situação ficou insustentável. A greve geral iniciada em 25 de março de 1917, em plena guerra, enfraqueceu o Império, que foi tomado em outubro pelos bolcheviques. O objetivo dos bolcheviques era eliminar o czarismo e propor uma distribuição igualitária da riqueza e do trabalho.

A Crise de 1929 foi o mais grave e longo período de recessão econômica do século XX. Foi a crise que criou a maior quantidade de problemas na economia dos países ocidentais, em um período longo e agudo de depressão que durou até a Segunda Guerra. A recessão econômica causou altas taxas de desemprego, quedas drásticas do produto interno bruto (PIB) de diversos países, na produção industrial, no preço das ações e nos índices da atividade econômica.

Crise – As metamorfoses da condição humana

Segundo a economia clássica, a crise econômica é uma ruptura periódica do equilíbrio entre produção e consumo, que traz como consequências desemprego generalizado, falências, alterações de preços e depreciação dos valores circulantes. Ou seja, é uma perturbação da ordem produtiva que gera a desordem através da crise no sistema de valores sociais, na moeda.

A chamada "quinta-feira negra" de 29 de julho de 1929 foi a data que marcou o início da Grande Depressão. A causa de seu início concentrou-se na queda violenta das ações da Bolsa de Valores de Nova Iorque em razão do drástico recuo da produção industrial norte-americana e da consequente desaceleração da economia. O *crack* da bolsa ampliou os efeitos da recessão já vivida pelos Estados Unidos, provocando uma inflação gigantesca e a queda nas taxas de venda de produtos, causando o fechamento de inúmeras empresas, inclusive indústrias, trazendo como consequência fatídica o desemprego em massa. Em 1933, a fim de superar a crise que já se estendia por quatro anos, o presidente norte-ameriacano Franklin Roosevelt aprovou um pacote de medidas conhecido como *New Deal*, que consistia em programas de ajuda social para minimizar os efeitos da Depressão.

Mas, no mesmo ano do programa reformista de Roosevelt, a Alemanha apresentou a sua contraproposta para a crise: o nazismo. A crise na Alemanha teve início com a derrota para a Tríplice Entente, na Primeira Guerra Mundial. A partir das pesadas multas de guerra cobradas pela Entente e pelas punições empregadas pelo Tratado de Versalhes, a Alemanha começou a sofrer com a altíssima inflação e com a dívida externa, além do desemprego e da insatisfação social. Com a Crise de 1929, houve ainda mais cortes de gastos no setor social, principalmente nos fundos aos trabalhadores desempregados, procurando arrecadar mais impostos e oferecer menos benefícios. Em 1932, no auge da crise, o governo estava totalmente desacreditado pela população, e a ascensão de Hitler foi inevitável. O seu programa para a Alemanha era imperial, conhecido como *III Reich,* gerando um período de crescimento econômico até a Segunda Guerra Mundial, que implicava na redução dos direitos dos judeus, culminando no saque e assassinato destes, o Holocausto.

A Grande Depressão foi um dos fatores primários que ajudaram a ascensão de regimes de extrema-direita na Europa. A ditadura venceu em razão do desespero humano e da dilaceração social que vivia a Alemanha. E foi, também, assim em outros centros europeus. No período do entre guerras o capitalismo sofreu o duro golpe da Grande Depressão e foi ameaçado pelos ideais socialistas. Os altos índices de inflação, desemprego e desencanto moral mobilizaram ações diversas no mundo a fim de dar uma resposta à crise: propostas reformistas e revolucionárias. Por esse ângulo, tanto o *New Deal* de Roosevelt, quanto o nazifascismo do centro europeu ou o comunismo russo são sintomas da crise do sistema econômico que inaugurou a modernidade.

Adolf Hitler em saudação nazista

Deformação

Como observamos até o momento, a crise é a situação de conflito que gera transformações (metamorfoses) profundas na existência humana. Observamos como Gregor Samsa se metamorfoseia em inseto a partir do conflito psicológico e familiar que produz essa situação. A condição de Samsa também se reflete em todos os que pensaram a crise; e a fratura da suposta unidade e proporção do homem torna-se para nós o eixo de orientação da crise. Dionísio, o primeiro que na mitologia experimenta o sofrimento, é o deus "despedaçado" de Nietzsche. A mente humana, para Freud, constrói-se a partir do "sofrimento", a separação brusca entre os desejos internos e as possibilidades de realização exterior, opondo o "princípio de prazer" ao "princípio de realidade". Já em Marx, a característica de realidade moderna, a realidade em crise, é a sua forma "dilacerada" em razão da separação brusca entre homem e natureza no trabalho industrial: a "alienação".

Desse modo, a divisão geopolítica do mundo em dois blocos distintos decorrente da Primeira Guerra Mundial, foi a expressão dentro da política mundial mais fiel ao que podemos, agora, chamar de princípio da crise: a fratura. Porém, nada poderia inverter naquele momento o processo de fragmentação que o mundo sofria e, desse modo, chegamos à Segunda Guerra Mundial, considerado o conflito mais devastador de toda a História.

A Segunda Guerra confirmou a lógica da fratura e teve origem na bipartição do mundo advinda da Primeira. Naquele momento, os dois grupos distintos eram os *Aliados* (França, China, Grã-Bretanha, União Soviética) e o *Eixo* (Alemanha, Itália e Japão), ou seja, uma variação do que foi a *Tríplice Entente* e a *Tríplice Aliança* na Primeira Guerra. As causas desse novo conflito mundial estavam nas consequências da Primeira Guerra. A Alemanha sofrera uma grande derrota tanto no sentido político quanto no econômico. Com a ascensão de Hitler, e a fundação do Império Nazista, empreendeu-se um projeto de expansão do nazismo no mundo, encontrando no caminho as forças de reação por parte da França e da Grã-Bretanha. Desse modo, a partir do conflito entre forças expansionistas originou-se a guerra.

Mas não podemos deixar de ressaltar que essa expansão não era apenas ideológica, mas também econômica. A Itália e o Japão se juntaram à Alemanha através desse desejo de

Mulheres entre os escombros da Segunda Guerra Mundial

Crise – As metamorfoses da condição humana

ampliar as suas fronteiras comerciais e a capitalização de riquezas. Assim sendo, podemos compreender algo que sempre existiu na história da humanidade: os conflitos bélicos são geralmente motivados por desejos econômicos profundos. A lógica do capitalismo que produziu a Primeira Guerra, o desejo de lucro, permanece aqui. Porém, a Segunda Guerra marca, nesse momento, o fim da segunda fase do capitalismo em razão das suas consequências desastrosas.

A condição trágica da modernidade

No entanto, dentre as inúmeras consequências da Segunda Guerra (econômicas, políticas etc.) nada supera as perdas humanas. A bomba atômica lançada pelos Estados Unidos sobre o Japão figura como uma das maiores manifestações de crise nos valores humanos que podemos considerar. Em 6 de agosto de 1945, a bomba atômica, carinhosamente chamada pelos norte-americanos

O cogumelo atômico sobre Hiroshima

de *Little Boy* (garotinho), foi lançada sobre a cidade de Hiroshima, e três dias depois outra, agora nomeada de *Fat Man* (homem gordo), caiu em Nagasaki completando o ciclo de destruição.

Ao todo foram 300 mil mortos decorrentes das duas bombas, e um número indeterminado de vítimas posteriores que sofreram contaminação pela radiação. O cogumelo atômico apresenta-se como a imagem mais impressionate da crise em todos os tempos, o momento em que a humanidade chega à beira do apocalipse, o momento em que Tânatos (o "impulso de morte") se apresenta em toda a sua força e a "civilização" humana se mostra em profundo desequilíbrio.

Mas Tânatos esteve também de modo cru e violento no Holocausto nazista. *Holocausto* é uma palavra de origem grega (*holocaustron* – todo queimado) que era empregada para designar os sacrifícios religiosos na Antiguidade, em que animais e seres humanos eram oferecidos para serem imolados como oferenda aos deuses, sendo queimados posteriormente para apagar os vestígios do ato. Tal sacrifício também foi empregado pelos judeus e relatado em várias passagens bíblicas. No desdobramento do termo, o holocausto adquiriu o sentido de catástrofe, massacre e tragédia, visto que em iídiche a palvra equivalente é *Shoá* (calamidade).

No século XX, a palavra serviu para designar os 12 anos de perseguição dos nazistas aos judeus que moravam no território alemão, como um sacrifício necessário à depuração da sociedade ariana, empregado por Adolf Hitler. Foi parte da chamada "solução final" para o "problema judeu" na Alemanha que levou cerca de seis milhões de judeus aos campos de concentração, entre 1933 e 1945, além de outras pessoas condenadas como indesejáveis pela política nazista: ciganos, eslavos, homosexuais e dissidentes políticos.

Entre o extermínio nazista e a bomba atômica norte-americana, podemos observar o sentido trágico da modernidade. Entre 50 e 60 milhões de pessoas morreram em função da Segunda Guerra Mundial, sendo que, ao final do conflito, o continente europeu se mostrava em grande parte devastado. O longo processo de racionalização da vida e da economia, a flutuação e dissolução de valores levaram o sociólogo polonês Zygmunt Bauman (1925), a analisar detalhadamente as causas mais profundas do Holocausto como a consequência trágica do processo de racionalização da sociedade moderna, que executou vidas para atingir o progresso. Em *Modernidade e Holocausto*, de 1998, ele observa o genocídio citado como o sintoma patológico da modernidade e uma consequência do desenvolvimento da civilização. Foi a manifestação do "impulso de morte" da sociedade moderna – a mão perversa da modernidade – que provocou massacres em nome do progresso: "o Holocausto foi tanto um produto quanto um fracasso da civilização moderna".

A ruína material e dos valores humanos marcou profundamente o estado de espírito do pós-guerra, do qual surgiram as filosofias existencialistas que refletiam sobre o sentido da existência humana e a respeito de um novo humanismo, a reconstrução da dimensão perdida em meio à crise. Dentro desse panorama, o filósofo francês Jean-Paul Sartre (1905-1980)

Vítimas do Holocausto

desenvolveu uma reflexão a respeito do estado absurdo da existência humana, do vazio, e transformação pela ação.

Em 1938, um ano antes do início da Segunda Guerra, Sartre escreveu o romance *A náusea*, um dos livros de maior impacto da literatura moderna ao lado de *A metamorfose*. A náusea é um sintoma caracterizado por um mal-estar que provoca frequentemente a vontade de vomitar, produzido em muitos casos pela irritação do sistema nervoso. No livro de Sartre, a náusea vivida pelo personagem Antoine Roquentim é a experiência fundamental da existência humana, um estado em que ele apreende o absurdo, a falta de sentido da vida e a da essência humana. O personagem sofre um desencantamento profundo com a existência, uma aversão à condição humana, passando por contorções diversas, beirando a loucura e exibindo a crise individual em sua plena força.

Podemos dizer que a crise em Sartre também é uma metamorfose, pois o indivíduo que sofre esse estado absurdo deve agir e dar um sentido para a sua existência. E para Roquentim, a arte se torna a única possibilidade de criar esse sentido para a existência. Desse modo, ele decide escrever um livro e assumir a sua liberdade.

Sartre retrata, através da poética literária, a percepção filosófica sobre a crise humana. A náusea torna-se para Sartre a experiência fundamental da crise humana. Se a náusea é a experiência-crise que traz a percepção atordoada à luz diante do absurdo, ela só se completa com a dúvida. Assim, o autor atualiza a famosa frase do filósofo René Descartes – "Penso, logo existo" – admitindo que a crise surge para a consciência através do pensamento e só pode ser transformada pela atitude em busca da liberdade, que tem na arte um dos seus modos de expressão.

Em 1949, poucos anos após o término da Guerra, Sartre escreve *Com a morte na alma*, o último livro da trilogia *Os caminhos da liberdade*, em que atualiza a condição trágica da humanidade em uma situação pós-guerra, na qual a violência penetra a consciência individual e produz nesta crises igualmente potentes, como a solidão, o vazio existencial, o medo e a volúpia. A morte na alma apresenta o mesmo drama existencial, a deformação do espírito humano diante das situações críticas, o drama pessoal vivido diante da tragédia coletiva, a guerra que criava sob as suas cortinas de fogo catástrofes tão hostis que dilaceravam a condição humana em pedaços disformes.

A crucificação segundo Francis Bacon

A arte é um material muito rico para pensarmos a crise. Aliás, ela compreende uma interessante dinâmica de ordem e desordem no seio das culturas humanas. Um dos conceitos-chave para se compreender a crise e o conflito na arte moderna reside na ideia de deformação. A deformação, no seu sentido convencional, significa a alteração da forma normal. Na arte, significa a alteração da forma (transformação) motivada por razões subjetivas do artista perante o objeto representado, através da alteração de suas proporções, ou mesmo por necessidades de modificação de padrões compositivos. Nesse sentido, a deformação nos diz muito sobre a crise na arte, seja devido ao estado angustiado e tenso na psicologia do artista ou mesmo pelo desejo de alterar padrões de representação. Em muitos casos temos os dois ao mesmo tempo. Mas é certo que ambas as posturas nascem da situação de conflito. O conflito move a deformação.

A principal crise da arte ocorreu na modernidade industrial, no momento em que a cultura clássica greco-romana, que se prolongou como orientadora da produção artística até o século XIX, é posta em xeque. Nessa negação da arte clássica podemos observar muitos aspectos para pensarmos a crise do sujeito moderno, visto que, após a Revolução Industrial, a dinâmica da sociedade europeia se altera profundamente através de sucessivas crises.

Nos momentos finais da Segunda Guerra, nos dias de mais acentuada crise, o pintor irlandês Francis Bacon (1909-1992) resgata a condição trágica da humanidade através de um painel que adentra a dimensão do sacrifício por meio da deformação. Em *Tríptico: três estudos para figuras na base da crucificação*, de 1944, mais conhecido como *A crucifixão*, o artista recorre a duas imagens de grande impacto na cultura ocidental (a crucificação e a punição violenta) para transpor em imagens dilaceradas o estado de crise humana ao fim da guerra. Ao atualizar visualmente a conhecida frase de Ésquilo, "O odor do sangue humano sorri para mim", Bacon compõe um dos trabalhos artísticos de maior impacto no século XX.

Para Bacon, a violência evocada nos versos do poeta grego Ésquilo (525-426 a.C.) traz imagens assombrosas que o motivam em muitos trabalhos. Considerado o fundador da tragédia, Ésquilo desenvolveu em seus dramas a narrativa do sofrimento de deuses e homens ao relatar o estado latente do conflito, como podemos observar em *As suplicantes* e *Prometeu acorrentado*. Mas é em *Oréstia*, uma trilogia composta por três poemas (*Agamêmnon*, *Coéforas* e *Eumênides*), tida como um dos mais pungentes dramas trágicos da Grécia Antiga, que a frase citada é enunciada. O tema do poema é a maldição lançada pelo crime de matricídio e promiscuidade, seguido de um ciclo de justiça sangrenta e finalizado com o julgamento apaziguador da deusa Atena, que contém o impulso de vingança e o derramamento de sangue.[22]

---

[22] Depois da Guerra de Troia, Agamêmnon, rei de Micenas, retorna para casa, mas é assassinado pela esposa Clitemnestra e pelo amante desta, Egisto. Tempos depois, Orestes, filho de Agamêmnon, vinga a morte do pai, assassinando a mãe e o amante. É perseguido pelas Fúrias e submetido ao julgamento dos deuses. Sua absolvição deve-se ao voto favorável da deusa Atena, a Minerva dos romanos. Daí nasceu a expressão *Voto de Minerva*. (N. do E.)

Crise – As metamorfoses da condição humana

A frase de Ésquilo causou grande impacto em Bacon e o motivou na composição do painel de 1944. No entanto, o artista não faz a releitura completa de *Oréstia*, mas sim de três personagens do terceiro poema encarregadas da justiça sangrenta: as Erínias ou Fúrias, deusas mitológicas metamórficas que carregam a função de aplicar a vingança e o martírio sobre os seres condenados.

No entanto, as Fúrias são inseridas em outra situação trágica: a crucificação. Se o drama de Ésquilo influencia Bacon a desenvolver as suas figuras, o Retábulo de Isenheim, do artista alemão Mathias Grünewald (1460-1528), serve como direcionamento da outra parte da obra, tanto na forma de apresentação, o tríptico, quanto no tema da obra, a crucificação. A crucifixão era a punição empregada na Antiguidade, principalmente pelos romanos, como suplício aos criminosos. Era um sacrifício social para os desobedientes que teve na história de Jesus Cristo um episódio digno das narrativas trágicas: o mistério da redenção dos homens pelo sacrifício na cruz. Através desse sacrifício, Cristo provoca a catarse dos hebreus, ou seja, a purificação dos seus sentimentos por meio da violência física a qual é submetido.

O artista alemão pinta a crucificação como um tema tradicional da arte ocidental, como símbolo do sacrifício e sofrimento humano (o holocausto) através de Jesus Cristo, a quem o filósofo Blaise Pascal chamou de o Deus encarnado, sacrificando-se pelos humanos, "devendo oferecer ele próprio seu corpo e o seu sangue"[23]. Desse modo, as imagens que emergem das histórias bíblicas são tão assombrosas quanto às das *Oréstias*, a condição do crucificado é tão trágica quanto a do sacrificado no drama grego.

---

[23] PASCAL, Blaise. *Os pensadores*. São Paulo: Abril Cultural, 1979, p. 240.

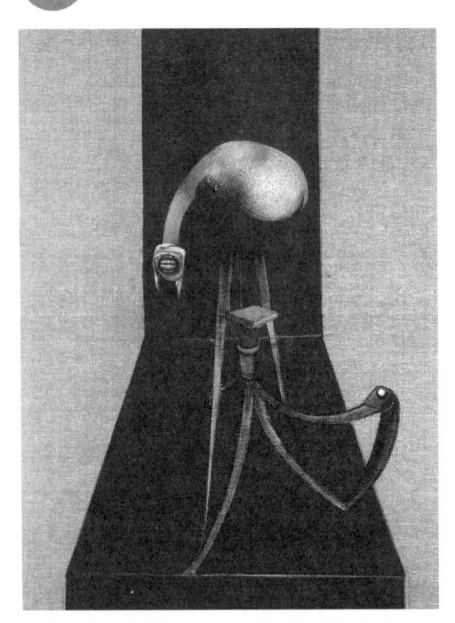

Nas representações tradicionais da crucificação, seguindo os dados conhecidos da história cristã, figuram ao pé da cruz a Virgem Maria, Maria Madalena e São João Evangelista. Porém, em seu painel, Bacon corrompe o tema da crucificação ao colocar as Fúrias ao pé da cruz no lugar das figuras sagradas. Com essa manobra, o artista cria uma obra que é a própria metamorfose, relendo dois temas da tradição ocidental e entrecruzando-os em uma única situação trágica. Concebendo uma imagem de profundo impacto para a sociedade europeia da época, ao tecer uma representação do sofrimento humano, *A crucifixão* de Bacon nos fornece uma possibilidade de complementação de *A Metamorfose* de Kafka por ter trabalhado de um modo peculiar a situação de crise.

Detalhe de *A crucifixão* (1944–1980). Tate Gallery (Londres)

A cruz torna-se o suporte trágico para os dramas humanos, alegoria do seu sofrimento, que Bacon define como a "magnífica armadura sob a qual se pode trabalhar nossas próprias sensações e sentimentos"[24]. É a própria encenação do conflito, que as várias representações desde o século XIII demonstram

---

[24] ZWEITE, Armin (ed.). *The Violence of the Real*. London: Thames and Hudson, 2006, p. 142.

Crise – As metamorfoses da condição humana

a partir de sua mecânica: a suspensão do corpo, o cravejar dos ossos, a dança das contorções.

Devido a esse impacto visual e existencial, a crucificação foi um tema perseguido por Bacon, do mesmo modo que as imagens surgidas dos dramas trágicos de Ésquilo. Ele pintou várias obras a respeito do tema, no qual as mais importantes são dois fragmentos (1933 e 1950) e quatro trípticos (1944, 1962, 1965, 1980 – esse último uma releitura do primeiro de 1944)[25]. No painel de 1944, que estamos analisando aqui, levando em consideração a versão de 1980, o sacrificado está oculto e a crucificação está apenas sugerida. Porém, em sua alegoria, o tema representa o sofrimento humano na escala universal e individual, precedendo quase profeticamente o bombardeio de Hiroshima e respirando o odor do Holocausto, mas sem mostrar o sacrificado.

Já nos painéis de 1962 e 1965 o corpo do sacrificado está presente, sem a presença das Fúrias, mas com outras testemunhas. Em ambos, a presença do sacrificado é representada por corpos mutilados. Estes aparecem no painel através de outro tema que ele vinha desenvolvendo desde 1946: as carcaças. O corpo não possui integridade biológica, mas estão abertos, machucados e expostos de forma crua para o espectador, como um mutilado de guerra. Contorcidos em razão da pressão deformadora, o corpo perde a forma humana e assemelha-se mais a uma carcaça animal esquartejada no abatedouro. No trabalho de 1962, o corpo é completamente indefinido, já no de 1965 ele mantém traços humanos: um lutador de punhos enfaixados com musculatura avantajada e seccionada. Em ambos, o sacrificado está

---

[25] Aos que se interessarem pelos trabalhos de Bacon, seguem as referências exatas: *Crucifixão* (1933); *Tríptico: três estudos para figuras na base da crucifixão* (1944); *Fragmento de uma crucifixão* (1950); *Tríptico: três estudos para uma crucificação* (1962); *Tríptico: crucificação* (1965); *Tríptico: três estudos para figuras na base da crucifixão – segunda versão* (1980)

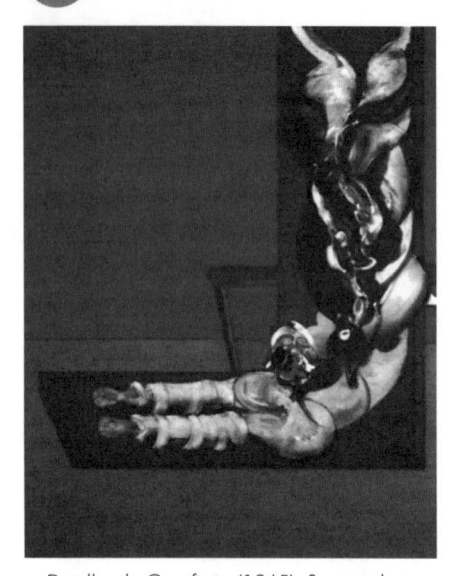

Detalhe de *Crucifixão* (1965). Staatsgalerie Moderner Kunst

crucificado de cabeça para baixo, à maneira de São Pedro. O corpo-carcaça escorre ao pé da cruz como um dejeto, sem vida e torturado. Sob o olhar das testemunhas, que mais seriam carrascos nesse caso, o drama de Dionísio reaparece no dilaceramento do suporte físico da alma.

A crucificação faz da arte uma catalizadora de percepção ao simular as sensações humanas. Atualiza o sacrifício na fase mais drástica da Segunda Guerra Mundial e suas consequências, oferecendo-se para nós como um autêntico condutor da crise humana. A cruz, como um instrumento de suplício e punição, é também empregada como uma imagem para a pena, os tormentos e as aflições ocorridas na vida particular e coletiva.

O filósofo francês Gilles Deleuze (1925-1995), num dos melhores livros escrito em torno da obra de Bacon, *Lógica da sensação*, de 1981, aproxima a obra do artista de outros autores da literatura, como Franz Kafka, a partir de questões comuns. Fazendo a devida convergência entre o artista e o escritor, ele demonstra como a crucificação de Bacon se aproxima dos dramas de Kafka:

> *nas crucificações o que lhe interessa é a descida e a cabeça para baixo que revela a carne. E, naquelas de 1962 e 1965, vê-se literalmente a carne descer dos ossos, no âmbito de uma cruz-sofá e de uma pista ossuda. Para Bacon, como para Kafka,*

*a coluna vertebral é apenas a espada sob a pele que um carrasco introduziu no corpo de um inocente atormentado.*²⁶

Gilles Deleuze

Deleuze se refere aqui ao livro *A espada,* de Franz Kafka. Porém, a observação é válida para *A metamorfose* na medida em que a espada que corta a carne é o índice de uma crise pessoal. Mais adiante, o filósofo conclui a sua aproximação:

*Deve-se render a Bacon, tanto quanto a Beckett ou a Kafka, a seguinte homenagem: eles ergueram figuras indomáveis por sua insistência, por sua presença, no momento mesmo em que "representavam", o horrível, a mutilação, a prótese, a queda ou a falha.*²⁷

O que nos chama a atenção no painel de Bacon é o impacto visual produzido pelas figuras representadas, as "figuras indomáveis" que manifestam o horror de existir em tempos de

---

²⁶ DELLEUZE, Gilles. *Lógica da sensação*. Rio de Janeiro: Jorge Zahar Editor, 2007, p. 31.
²⁷ *Ibidem*, p. 68.

crise. Essas imagens são decorrentes do seu gosto particular pela força da deformação. Na mitologia, as Fúrias provocavam grande temor nos homens devido as suas ações e aparência. Eram representadas como mulheres aladas de aspecto terrível, com olhos escorrendo sangue e cabelos trançados em forma de serpentes. Bacon faz uma leitura particular das Fúrias a partir da distorção violenta dos seus corpos. A aparência híbrida da representação antiga é substituída e atualizada pelas formas orgânicas indefinidas, anatomicamente distorcidas, sofredoras de anomalias ou mutilações, que gritam agonizantes como se sofressem do mesmo desespero daqueles que elas torturavam.

No painel de Bacon, as Fúrias podem ser entendidas como três figuras num processo de metamorfose degenerativa, como ocorrera com Gregor Samsa, em que a aparência humana é corrompida em direção a uma forma terrível. As figuras são angustiantes devido à indefinição de sua situação física. Aparentemente são caninas, mas num estágio incompleto em razão da preservação de traços humanos. As formas parecem sofrer a ação corrosiva dos tempos de guerra: da bomba atômica prestes a ser lançada, das torturas letais do campo de concentração. Enfim, é uma representação possível da humanidade corroída e deformada pela violência social e psicológica que chegara ao limite de extinguir a forma humana, transformando os seres em figuras degeneradas pelo "impulso de morte". É o "cheiro de sangue" descrito por Ésquilo que ecoa pela Europa.

A deformação empregada por Bacon pode ser tida também como uma crítica à tradição artística do mundo ocidental por meio da sua condição trágica. Ao corromper a analogia entre o objeto real e o representado, cria uma forma complexa e difícil, colocando o observador numa situação estranha ao gerar um forte conflito entre a arte e o espectador. A arte não é mais "uma janela para o mundo" como diziam os artistas renascentistas, nem mesmo uma aspiração à beleza ideal, como queriam os antigos naturalistas gregos. Ela é uma amarga anatomia da realidade na qual se aprofundam os abismos mais ocultos do universo humano.

A combinação potente entre a crucifixão e a representação das Fúrias – o correlativo evidente da frase de Ésquilo com o panorama de destruição causado pela guerra – atribui ao painel uma carga inigualável da crise humana no período. A obra é uma representação crônica da condição humana e de seu destino dramático, em que as horríveis figuras servem como representação das violentas metamorfoses sofridas pela humanidade que experiencia as consequências do "impulso de morte" (Tânatos) nesse momento limite da "civilização".

As figuras das Fúrias revelam o estado crítico da condição humana. Na sua monstruosidade trazem consigo algo da metamorfose de Gregor Samsa, o anti-herói de Kafka, porém levada a um nível de asco maior. Apresentam a crise da integridade humana a partir de forças externas que impelem a figura, ou o personagem, ao conflito e à metamorfose. É uma mudança dolorosa com resultados diretos. Desse modo, a operação de Bacon recoloca a dimensão absurda de Kafka. Cabem aqui, novamente, as palavras de Friedrich Nietzsche a respeito da arte na tragédia clássica grega, que pode nos esclarecer a respeito do sentido da deformação para as situações de crise:

> ... *a arte; só ela é capaz de converter aqueles pensamentos de nojo sobre o susto e o absurdo da existência em representações com as quais se pode viver: o sublime como domesticação artística do susto e o cômico como alívio artístico do nojo diante do absurdo.*[28]

---

[28] NIETZSCHE, Friedrich. *O nascimento da tragédia no espírito da música*. Op. cit., p. 31.

4
Diluição e liquefação

A crise do homem moderno, nas suas diversas fases, atingiu o seu ápice na Segunda Guerra Mundial e nos desastres humanos e sociais consequentes desse conflito. Nesse momento, resta-nos pensar a crise resultante do conjunto de transformações decorrentes do fim da guerra, adentrando no que é comumente chamado de era *pós-moderna*. O termo *pós-modernismo* foi empregado para criar uma explicação histórica ampla das transformações ocorridas em diversas áreas, da economia à arte, nas organizações sociais mais avançadas, a partir da década de 1950.

Nesse momento, segundo alguns historiadores, filósofos e sociólogos, termina a chamada Idade Moderna. Mas o termo não é utilizado de imediato. A consciência dessa nova condição aporta na filosofia e na arte nos anos 1960, mas é só largamente difundida no início dos anos 1980 com as manifestações mais explícitas dessa condição no meio social.

Um dos primeiros autores a utilizar o termo *pós-moderno* foi o filósofo francês Jean-François Lyotard que, com o seu livro *A condição pós-moderna*, de 1979, analisa a condição da sociedade pós-industrial e os novos valores dela emergentes. A fim de pensar essa sociedade que se caracterizava pela desconstrução e diluição dos valores que teriam sido deformados no final da modernidade, muitos outros intelectuais se lançaram no seu estudo, tais como Gilles Deleuze, Jean Braudvillard e Gilles Lipovetsky.

Um dos marcos fundadores do pós-modernismo foi o início da terceira fase do capitalismo, o chamado capitalismo monopolista ou financeiro, a partir do final da Segunda Guerra Mundial, e que se prolonga até os dias atuais. As características desse terceiro momento é a produção e acúmulo de riqueza gerado pelo surgimento de grandes corporações que descentralizam a produção para diversas partes do mundo, buscando a redução de custos na produção, em que os lucros obtidos são movimentados através do sistema financeiro (ações e especulação nas bolsas). Desse modo, a pós-modernidade pode ser compreendida como a condição histórica do mundo na era do capitalismo pós-industrial ou financeiro, em que a diluição e a liquefação de valores monetários, morais, tecnológicos e estéticos marcam o compasso da existência humana.

A realidade após o cogumelo atômico: as radiações

A bomba atômica lançada sobre Hiroshima pode nos servir de vetor para procurar compreender a pós-modernidade e o sentido de crise nesta era histórica. Como já ressaltamos anteriormente, a bomba traz na sua imagem e no seu impacto o sentido violento da situação de crise na modernidade, levando às últimas consequências a explicação de Dionísio por Nietzsche, o "corpo despedaçado" da modernidade, e a compreensão da realidade social por Marx, a "realidade dilacerada". Neste momento, veremos como a mesma bomba servirá de explicação para a reorientação do princípio de realidade na era pós-moderna.

O que representa a imagem ao mesmo tempo bela e terrível do cogumelo atômico? Primeiramente é a de um mundo que se destrói, se dilacera, levando a realidade, enquanto imagem construída através de séculos, para o grau zero, a desintegração total. A bomba atômica nos permite refletir a respeito da estória de Frankenstein: o momento em que a criatura se volta contra o criador. Ela resulta do grande progresso industrial que se inicia pela produção de artigos para consumo, desenvolve-se pela tecnologia científica e chega à condição de criar a possibilidade de destruição do próprio meio. Se, para Marx, a indústria quebra a relação entre homem e natureza por meio do tipo de trabalho empregado, a bomba chega a exterminar o homem e a própria natureza pelo potencial destrutivo e radioativo. Nesse caso, ela é uma espécie de anjo exterminador que extrai o apocalipse das narrativas religiosas e o coloca de modo concreto na vida humana.

O potencial destrutivo da bomba é tão grande, que não só extermina a vida material de parte da humanidade, mas também os valores internos dos sobreviventes. Despedaça e derrete parte da alma, da devoção e da esperança dos que ficam. O homem pós-bomba representa temporariamente uma humanidade falida, à beira de um colapso existencial, de identidade perdida. A maior consciência crítica desse fato é a certeza de que um organismo pode fabricar a sua própria destruição, ou seja, de que o ser humano é capaz de extinguir a vida na escala planetária a partir da inteligência canalizada para Tânatos, o impulso de morte.

A rendição dos japoneses e o fim da Segunda Guerra representam um fim e um novo começo. Mas que tipo de começo teríamos após tão terrível catástrofe? Após uma espécie de apocalipse produzido em laboratório e lançado como amostra grátis? Por meio dessas indagações, a noção de realidade que perpetuará a vida pós-moderna trará as causas das crises modernas. A partir dessa situação, ocorre, para muitos pensadores, a chamada "morte da modernidade", o estado em que esta, através de seu próprio progresso, coloca a existência em colapso.

O sociólogo Zygmunt Bauman, judeu nascido na Polônia – país que se transformou no ponto de discórdia da Segunda Guerra –, foi um dos que escaparam ao Holocausto. Referindo-se à situação em que se encontrara em 1945, ele expressa o sentimento vivido no país devastado, mas que poderia muito bem ser a de outro país europeu ou asiático após o sacrifício sangrento da noite anterior. Em uma entrevista cedida a Maria Lúcia Garcia Pallares-Burke para o jornal *Folha de S.Paulo,* em 2003, ele diz: "Eu me vi novamente numa Polônia arruinada pela ocupação nazista, que se somava a um anterior legado de miséria, de desemprego em massa, de conflitos étnicos e religiosos aparentemente insolúveis e de exploração de classe brutal"[29].

Zygmunt Bauman

---

[29] *Folha de S.Paulo.* Mais! 19/10/2003, p. 7.

A experiência direta com as causas da modernidade que produzira a guerra e o genocídio massificado, o fez tornar-se um pensador da era pós-Holocausto, pós-bomba. Mas é nos anos 1990 que publica a maior parte dos seus estudos, talvez em razão da necessidade de tempo para decodificar a gama de acontecimentos que sucederam a essa fase. E foi esse tempo que o fizera compor uma reflexão que em muito se assemelhou a Heráclito, percebendo, de modo brilhante, a constituição do Ser, ou seja, daquele que existe no mundo, o homem, a partir das categorias físicas referentes aos estados da matéria. Em *Modernidade líquida*, livro publicado na passagem do milênio, 1999, ele nos apresenta um prefácio nomeado simplesmente "Ser leve e líquido". Seria Bauman uma espécie de Heráclito "pós-moderno"? Talvez o velho "obscuro" tenha renascido em tempos extremamente críticos.

Para tentar compreender em linhas amplas o que ocorreu no século XX, Bauman se utilizou dos conceitos da física elementar. Talvez, em razão das consequências físico-químicas do coquetel atômico, o autor retorna à dinâmica entre o sólido e o líquido, presente na explicação do conflito de Heráclito, a fim de compreender as metamorfoses da realidade humana neste momento.

Através da percepção aguda das consistências e dinâmicas da realidade, ele percebe os estados sociais por meio da transformação dos estados da matéria, categorizando a história da modernidade em dois estágios, sólido e líquido, rejeitando assim o termo "pós-modernismo". Para Bauman, a preposição "pós" adquiriu o sentido de desagregação, ou melhor, de dissolução. Dessa forma, ele trocou o termo *modernidade* por *modernidade sólida* e *pós-modernidade* por *modernidade líquida*. A era pós-moderna para ele não é uma superação da moderna, mas sim uma passagem de estado, uma metamorfose, em que

Crise – As metamorfoses da condição humana

se liquidifica o que antes era aparentemente sólido, mas já em estado de deformação.

Se, para Heráclito, o líquido nasce da morte do sólido, este é exatamente o ponto central da reflexão de Bauman: a sociedade (entenda-se aqui também realidade) pós-moderna nasce da morte da solidez moderna. E, nesse caso, podemos observar que a detonação da bomba atômica é o fenômeno que desencadeia a dissolução de sua suposta solidez.

Liquidez é um estado em que a matéria adquire mobilidade intensa e de forma muito pouco permanente. Bauman designa esse estado de "fluidez". Retomando as definições enciclopédicas, aponta que o sólido é imóvel e o líquido móvel. O sólido não sofre o fluxo ao passo que o fluido sim. A mudança é acelerada pela "pressão de deformação", no nosso caso a bomba atômica, e, desse modo, a "fluidez" torna-se a "principal metáfora para o estágio presente da era moderna"[30].

O autor analisa a história a partir da física, observando que esta é impulsionada pela tensão que impele ao fluxo e à mudança. Assim, Bauman se aproxima de Heráclito quando este afirma que o "conflito" é a origem da mudança processada através do tempo. Após um intervalo de 2.500 anos o sociólogo polonês encontra o filósofo grego para discutir a crise que persiste na realidade humana. Persiste, pois a realidade não é imaculada e livre das pressões atmosféricas, das reações moleculares, dos entrechoques humanos e das angústias íntimas.

Bauman observa que a história moderna inicia-se pela dinâmica da liquefação, mas que só atinge o estágio mais volátil no final do século XX. Pergunta-se ele: "mas a modernidade não foi um processo de 'liquefação' desde o começo? Não foi o

---

[30] BAUMAN, Zygmunt. *Modernidade líquida*. Rio de Janeiro: Jorge Zahar Editor, 2001, p. 8.

'derretimento dos sólidos' seu maior passatempo e sua principal realização? Em outras palavras, a modernidade não foi 'fluida' desde a sua concepção?"[31]. A observação do sociólogo é válida. Lembremos da fluidez econômica empregada pelos exploradores do século XVI, a mentalidade bolsista do século XVII, a desintegração das culturas fechadas decorrentes da expansão europeia ao longo do globo terrestre e da transformação dos modos de produção nos séculos XVIII e XIX. A partir desses fatos já ressaltados no Capítulo 2 podemos corroborar as palavras de Bauman. Mas, nesse momento, devemos nos perguntar: o que diferencia a fluidez moderna da pós-moderna?

Seguindo o seu raciocínio, o autor ressalta que a modernidade procura derreter as antigas instâncias para construir outras mais duradouras, empregando a dialética da destruição e da reconstrução "para construir seriamente uma nova ordem (verdadeiramente sólida!)" em que "era necessário primeiro livrar-se do entulho que a velha ordem sobrecarregava os construtores"[32]. E continua o autor:

> *O derretimento dos sólidos levou à progressiva libertação da economia de seus tradicionais embaraços políticos, éticos e culturais. Sedimentou uma nova ordem, definida principalmente em termos econômicos. Essa nova ordem deveria ser mais "sólida" que as ordens que substituía, porque, diferentemente delas, era imune a desafios por qualquer ação que não fosse econômica.*[33]

Para Bauman, a diferença entre a modernidade sólida e líquida reside no fato de que a primeira destruía a realidade anterior para construir outra supostamente mais perene, ao passo que

---

[31] *Ibidem*, p. 9.
[32] *Ibidem*, p. 10.
[33] *Ibidem*, p. 10.

Crise – As metamorfoses da condição humana

a líquida continua a desmontá-la, e cada vez mais rápido, mas sem nenhuma perspectiva de permanência por não conseguir manter a forma dos estados sociais e econômicos devido à dinâmica intensa de transformações. Atualmente, tudo se mantém em fluxo e a perspectiva de longo prazo perde o sentido. Projeto de vida e identidade existiam na modernidade sólida, mas não na líquida, visto que a estabilidade também desapareceu. Assim, a realidade, na modernidade líquida, altera-se devido à instabilidade das formas que o mundo configura. Diz o autor:

> *Diferentemente da sociedade moderna anterior, a que eu chamo modernidade sólida, que também estava sempre a desmontar a realidade herdada, a de agora não o faz com uma perspectiva de longa duração, com a intenção de torná-la melhor e novamente sólida. Tudo está agora sempre a ser permanentemente desmontado, mas sem perspectiva de nenhuma permanência.*[34]

Sendo assim, para Bauman, líquida foi a dinâmica social no fim do século XX – um processo dirigido pela abstração do valor econômico (sempre volátil quanto aos direcionamentos) e pela expansão em teia da produção, difusão e recepção da informação (acelerada ao ritmo da instantaneidade e da fragilidade), que determinavam a forma e o conteúdo da organização social.

Com o avanço das tecnologias de comunicação e o teor flutuante do valor monetário em razão da especulação financeira, a ideia de realidade na sociedade pós-moderna perde lentamente a sua concretude. O ritmo acelerado das mudanças implica também na dissolução dos valores sólidos presentes na vida afetiva, nas crenças humanas, criando um estilo de vida desenraizado e sem identidade fixa. A velocidade das telecomunicações, que explodiu com a televisão, a telefonia móvel, a Internet, e as

---

[34] *Folha de S.Paulo*. Mais! 19/10/2003, p. 5.

teleconferências, por exemplo, possibilitam a transmissão de informação em um nível de rapidez tão grande que provocam, também, a maior produção de informação, resultando no rápido perecimento desta e da sua consecutiva troca. A grande implicação desse processo refere-se ao fato de que as relações subjetivas e sociais também se transformam igualmente rápido, dissolvendo a identidade sólida das pessoas.

A contínua transformação das modas e dos produtos oferecidos para o consumo faz da vida atual uma metamorfose contínua a partir daquilo que lhe é oferecido no momento, e que se desfaz ao passo que estes ficam obsoletos na sua aparência ou funcionamento. Esse fato dissolve uma suposta essência individual, que na pós-modernidade é destruída e remontada a partir das características que são vendidas com os objetos. As campanhas publicitárias constroem a imagem do produto a partir da noção de identidade, em que o sujeito, ao consumi-lo, adquire a falsa noção de que faz parte de um grupo, portador das características vendidas com o objeto e que enaltecem a sua personalidade, como os valores oferecidos imaginariamente por telefones celulares, carros, roupas, eletrodomésticos etc. Atualmente, a identidade parece se construir por meio dos objetos de consumo, e não por razões espirituais, morais ou políticas. Isso ocorre porque essas razões são inseridas ilusoriamente nos objetos, que, por sua vez, substituem os grandes sistemas de valores humanos levantados no passado.

Com isso, a realidade pós-moderna se mostra altamente volátil e pouco segura, transformando-se continuamente sem sinal de repouso maior. A bomba parece ter detonado não apenas o corpo humano, mas também a ideia da permanência de valores, em todos os sentidos. Assim, a vivência do imediato, que é a temporalidade do consumismo, torna-se a razão da descrença no futuro.

Crise – As metamorfoses da condição humana

A condição distópica

Com o fim da Segunda Guerra Mundial, a crise não se extinguiu, mas foi reescrita. Analisamos até aqui a crise como um estado de fratura, divisão e conflito. As duas guerras mundiais foram os exemplos desse estado, ao dividir o mundo em dois blocos. Após 1945, a situação não foi diferente, porém ganhou novos traços. É nesse momento que surge a chamada Guerra Fria: a divisão do mundo em dois blocos governados por superpotências que pretendiam difundir os seus ideais em toda parte: os Estados Unidos e a União Soviética.

O conflito, que não foi um choque direto, mas ideológico, durou de 1945, com o fim da guerra, até 1991, com a queda e dissolução do império soviético. A Guerra Fria aparece nesse momento do nosso livro a fim de direcionar as conclusões do percurso traçado: a fratura, a metamorfose e a reunião. Primeiro porque a divisão do mundo acontece através da bipolarização político-ideológica já analisada aqui: o capitalismo e o socialismo/comunismo. Em segundo lugar, pois é uma forma diferenciada de conflito, mais líquido por assim dizer.

O mundo temia uma nova guerra mundial pois ambos os países possuíam armas nucleares, mas não houve combate direto entre ambos, e sim o financiamento de guerras em outros países para mostrar o seu poderio, como por exemplo a Guerra da Coreia (1950-1953) e a Guerra do Vietnã (1959-1975), ambas circunscritas na oposição entre Estados Unidos e União Soviética. Desse modo, a Guerra Fria foi uma luta ideológica, política e econômica em que para cada ação comunista havia uma reação capitalista, e vice-versa, sempre tendo em vista a expansão de cada império. O socialismo soviético procurou se expandir nos países de terceito mundo, como Cuba, Nicarágua e Vietnã. Tal manobra provocou a reação dos Estados Unidos, que viam essa expansão como uma ameaça ao seu domínio, como ocorreu nas ditaduras latino-americanas durante os anos 1960/70, em que países como o Brasil e o Chile tiveram ditaduras estimuladas pelos Estados Unidos contra a expansão do socialismo soviético na América do Sul.

Assim, a crise foi uma tensão entre dois blocos ideológicos que pretendiam resolver as crises advindas do pós-guerra, cada um à sua maneira: os norte-americanos entendiam que as crises econômicas e sociais seriam resolvidas através da manutenção e melhoramento do capitalismo; a União Soviética acreditava na falência do modelo administrativo capitalista e propunha a resolução das crises através do comunismo, ou seja, da divisão igualitária das riquezas.

Porém, se observamos a utopia como uma resposta para as crises sociais na modernidade, a pós-modernidade como um

Guerra do Vietnã: a menina Kim Phuc foge de um bombardeio do exército americano

Crise – As metamorfoses da condição humana

momento de dissolução e desilusão caracteriza-se pela "distopia", ou pela chamada "crise das utopias". Conhecida também como "utopia negativa", a distopia se compõe pelos radicais gregos para as palavras *mal* e *lugar*, procurando caracterizar não o lugar ideal, mas sim a tentativa fracassada de construí-lo, incorrendo em governos totalitários e censores. Ou seja, denuncia os problemas advindos da instauração mal-sucedida e alguns aspectos do comunismo evocado por More e Marx, aliado a outras situações advindas do mundo industrial capitalista. O termo foi difundido, ainda na primeira metade do século XX, a partir dos livros *Admirável mundo novo* (1932), de Aldous Huxley, e *1984* (1949), de George Orwell. Ambos vislumbravam um futuro sombrio para a humanidade, descrevendo uma sociedade organizada de modo uniforme e com um alto progresso tecnológico capaz de manter o pleno domínio sobre os cidadãos por meio do controle totalitário. Através de câmeras espalhadas por toda a parte, pílulas que faziam a manutenção da felicidade e do prazer no cérebro humano, o conhecimento dirigido (censura) e uma certa liberalização sexual, os autores apresentaram as consequências drásticas da organização centralizadora, aliada ao desenvolvimento tecnológico, implantada pelos governos comunistas mas também observados no sistema de controle capitalista.

Muito dessa distopia encontra-se dissolvida na sociedade pós-moderna, ou seja, líquida. As câmeras de segurança perseguem e controlam parte da vida das grandes cidades. As pílulas na forma de antidepressivos, como o popular Prozac da década de 1990, amenizam as crises individuais através de efeitos químicos. As censuras foram experimentadas por muitos países submetidos a ditaduras. E a liberalização sexual como uma forma de satisfação biológica e felicidade momentânea também se tornou uma realidade desde os anos 1960.

A Guerra Fria chegou ao fim com a queda do Império soviético em 1991. O enfraquecimento da União Soviética tem como maior símbolo a queda do Muro de Berlim, em 1989. Este foi um limite físico e ideológico imposto na Guerra Fria que dividia a Alemanha entre o lado socialista, comandado pela União Soviética, e o capitalista, integrado ao lado ocidental da Europa. A reunificação desse país fraturado foi o último capítulo da era final da União Soviética, que após 1989 empregou uma série de reformas na administração comunista aplicadas por Mikhail Gorbachev, que propunha aproximar os dois blocos. A URSS, já enfraquecida desde os anos 1970 devido às crises internas, foi levada à contínua liberalização de sua administração e dissolveu-se em 1991.

A queda do mundo soviético e a predominância do neoliberalismo no final dos anos 1980 corroboraram esse aspecto. Intensificou-se nesse momento a "modernidade líquida" que dissolve a forma fixa das organizações coletivas. Desse modo, a desintegração pós-moderna se completa com a liquefação dessas fronteiras explicando a ruína do Estado entrópico, que cede lugar às forças repotencializadas do capitalismo global, que se pretendia onipotente e regenerador, mesmo carregando deficiências profundas.

O sistema capitalista do século XX passou a manifestar crises que se repetem a intervalos cada vez menores. O desemprego, as crises nos balanços de pagamentos, a inflação, a instabilidade do sistema monetário internacional e o aumento da concorrência entre os grandes competidores, caracterizam as chamadas crises cíclicas do sistema capitalista.

Após a Crise de 1929, aparentemente equacionado depois da guerra, outras graves crises se sucederam, como a dos anos 1970 e 1980 em razão da dívida externa nos países de terceiro mundo. Com o crescimento das dívidas externa e interna dos

EUA (que passou a acumular gigantescos déficits na sua balança comercial), produziu-se uma crise financeira sem precedentes, que levou a um novo *crash* da bolsa de Nova Iorque em 19 de outubro de 1987. Até 1988, a crise não havia conduzido a economia a uma depressão (quando há decréscimo absoluto na atividade econômica), mas sim a uma recessão (quando há decréscimo relativo, em que a economia cresce em taxas menores do que o crescimento populacional).

Um pouco antes da queda do muro de Berlim e da dissolução da URSS, já se havia iniciado, desde o início da década de 1980, um processo de construção de uma cultura em nível global: a chamada globalização. A globalização é um dos aspectos da passagem da modernidade sólida para a líquida ressaltado por Bauman, pois pressupõe que as instituições nacionais mais duras e fechadas devem se flexibilixar em razão da fluidez necessária para o interligamento mundial.

Se, por um lado, o comunismo ruiu devido à sua insistência na solidez, à sua inflexibilidade em tratar com as novas demandas da sociedade pós-moderna, o capitalismo se reinventou e se metamorfoseou para manter a sua vida. A globalização surge da necessidade de interligação entre os países a fim de criar uma teia de relações barateando os custos dos meios de transporte, comunicação e escoamento da produção. Ou seja, foi uma medida de regeneração da vida do sistema capitalista ao romper as barreiras de contenção dos países e facilitar a interpenetração, criando novas estratégias de venda e consumo.

A globalização foi um fenômeno não só econômico, mas cultural e político, porém a economia era o carro-chefe desse processo. O capitalismo, devido à sua natureza dinâmica e fluida, viu a necessidade de formar uma "aldeia global" que permitsse a expansão dos mercados para os países mais desenvolvidos, que encontravam-se às voltas com a saturação dos seus mercados internos, não deixando de repetir as mesmas posturas do capitalismo mercantil e industrial. É mais uma fase da dilatação desse sistema em busca da satisfação de suas necessidades cada vez maiores de intercâmbio entre a produção e o consumo.

Nesse sentido, a globalização é uma espécie de estado mundial após a dissolução das fraturas que dividiam o mundo, colocando o capitalismo como vitorioso e sem fronteiras. É a situação em que os países estabelecem uma nova forma de relação ao minimizar o impacto das fronteiras, interligando de forma muito mais rápida as pessoas e as culturas. Situação esta sempre alimentada pelas necessidades do capitalismo de se metamorfosear e sobreviver. A globalização, porém, não foi, ao pé da letra, tão fluida, visto que só os países pobres tiveram que se flexibilizar realmente, ao passo que os ricos mantiveram fronteiras duras e rígidas. Veja, por exemplo, o comércio quase exclusivo de arroz norte-americano em países da África que impede o desenvolvimento dessa cultura no local, e o baixo consumo de produtos africanos na América. Desse modo, a globalização foi tida por muitos como um "novo colonialismo", ou seja, um novo momento de manter as riquezas dos países desenvolvidos à custa dos subdesenvolvidos.

Porém, nessa extrema fluidez, as transações financeiras sofreram as consequências da falta de solidez. Os anos 1990 foram marcados pelo Consenso de Washington – proposta constituída por um conjunto de medidas econômicas de caráter neoliberal, voltadas para a reforma e a estabilização econômica dos países em desenvolvimento. No final dessa década, já se reconhecia que essa espécie de tratado não conseguira dar conta do desenvolvimento humano a partir das medidas anti-inflacionárias, das privatizações e da consequente redução do poder estatal. Assim, tornou-se evidente que a globalização se identificava com uma estratégia neoliberal voltada para a criação de um mundo unidimensional baseado principalmente em critérios econômicos, falhos no âmbito social. O século XXI iniciou-se pela constatação de uma situação em que o projeto neoliberal se perdeu em si mesmo, e o ideal de um mercado mundial tornou-se cada vez mais confuso, à medida que se constatava a velha desigualdade nas negociações entre países ricos e pobres. Do mesmo modo, projetos políticos alternativos não alcançavam uma repercussão maior para se contrapor a esse modelo.

A crucificação segundo Hermann Nitsch

Se a deformação foi a tônica da arte moderna, a arte da sociedade industrial que "dilacerava" a relação do homem com o mundo, a arte pós-moderna marcou-se pela dissolução dos suportes tradicionais da expressão artística, sendo a expressão estética da sociedade pós-industrial que liquidifica os sistemas tradicionais de comunicação.

A arte moderna pautou-se pela crítica aos modelos naturalistas de representação, o que é comumente chamado de "crise da representação", apresentando a deformação como uma reação à tradição e como a forma sensível da personalidade em crise da modernidade. Já a arte pós-moderna parte da ideia de "antiarte", que havia sido lançada por alguns artistas modernos, principalmente os dadaístas, ao incorporar objetos, materiais e atitudes alheios à produção artística e criar uma situação absurda na ordem estética, dissolvendo definitivamente a integridade do objeto artístico como era conhecido.

Nesse sentido, a antiarte representa a liquefação da arte, o momento em que ela perde os seus limites definidos e torna-se "fluida", "líquida", chegando a criar objetos que rejeitam o seu próprio estatuto. Ao se desfazer dos materiais tradicionais (bronze, tela, tinta etc.), o artista transfere para os objetos apropriados do cotidiano, para o corpo e para o ambiente natural a função de suportar a expressão artística. Desse modo, a arte adentra a desordem quando se confunde com uma realidade já em estado de liquefação.

Uma das expressões mais vigorosas dessa antiarte é a *body-art* (arte corporal), que busca um verdadeiro estágio de metamorfose para a arte ao matar a escultura e a pintura no seu sentido convencional, procurando revivê-las a partir da ação do artista e seu corpo em um determinado espaço, criando esculturas e pinturas vivas. É uma espécie de intervenção direta sobre a realidade com o objetivo de transformá-la, tirando os seus pontos de sustentação e criando o absurdo *in loco*.

O artista austríaco Hermann Nitsch (1938) foi um desses antiartistas que procuraram liquidificar a arte na pós-modernidade ao ponto de querer levá-la para uma nova e suposta solidez. Membro do polêmico grupo denominado de *Arte Direta*, mais conhecido como "acionistas vienenses", juntamente com outros artistas como Rudolf Schwarzkogler e Günter Brus, recusou as formas tradicionais de expressão artística para fazer trabalhos onde o corpo era o principal suporte.

Os "acionistas" entendiam a arte como uma ação direta e violenta com a intenção de capturar a sensibilidade amordaçada do público, entorpecida pela tecnologia e pelo suposto conforto da idade pós-moderna, através de imagens pungentes e chocantes. No confronto direto com o corpo e a percepção do público, reinstauravam a dimensão ritualística da arte, que deu origem à tragédia grega, aos rituais da Antiguidade e à concepção de arte do filósofo Friedrich Nietzsche. Insatisfeitos com a situação tradicional da arte baseada na fixidez da escultura e da pintura, buscavam uma forma imediata de causar a sensação estética sem recorrer às longas reflexões modernistas. Por essa

Crise – As metamorfoses da condição humana

razão, adotaram a dinâmica das cerimônias e rituais criando uma forma dramática que evocava os sentimentos humanos mais profundos a partir da urgência da crise na situação pós-moderna. Ou seja, é o autêntico drama pós-moderno no qual ao final do ato se perde a obra, conservando-a apenas por meio de registros fotográficos ou filmográficos. Nesse caso, a obra subsiste de forma virtual, pois o objeto perece ao final de cada ação.

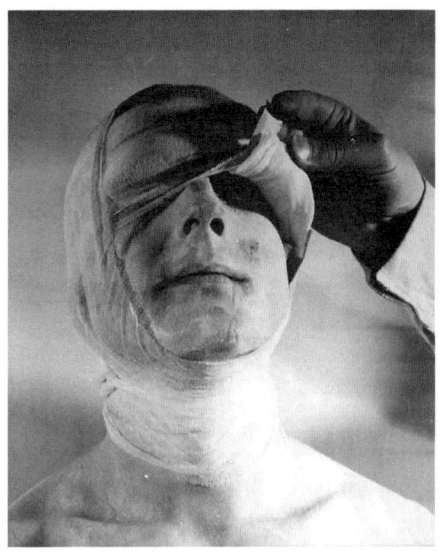

Rudolf Schwarzkogler: *Ação* (1965)

Nitsch voltou-se para o passado a fim de repensar o presente. Retornando à arte trágica da Antiguidade, como a de Ésquilo, por exemplo, procurou a percepção estética total pertencente aos rituais dionisíacos a fim de dilatar a forma de apreensão da arte na pós-modernidade. O seu interesse era criar uma obra capaz de diluir a forma convencional da arte e produzir um espetáculo dramático para as sensações humanas na era em que os avanços tecnológicos e científicos acomodavam a sensibilidade em um mar de conforto artificial.

Por essa razão, o seu trabalho prioriza exatamente o desconforto, recolocando a questão do sacrifício na pós-modernidade ao atualizar a *crucificação* de Francis Bacon e o drama trágico de Dionísio e Cristo. Se Bacon pintava o corpo sacrificado na cruz, Nitsch fez do ato da crucificação uma parte do seu trabalho

A crucificação por Hermann Nitsch (1966)

em *Teatro da orgia e do mistério*, realizando uma centena de ações entre 1962 e 1998.

Francis Bacon pintou a crucificação como uma imagem que sintetiza o sofrimento humano. Nitsch levou a pintura a consequências impensáveis até então, realizando a crucificação de forma concreta e direta, porém devidamente simulada, colocando sobre o suporte da cruz esses sentimentos de martírio e sofrimento na encenação do ritual, interpretando o sangue que escorre da violência como a tinta propícia para um quadro vivo. Com essa atitude, ele se concentra no choque como um valor estético e não no objeto material, fazendo a leitura do sacrifício a partir das teorias psicanalíticas das pulsões humanas.

Na leitura dos três corpos de Dionísio e Cristo (o unitário, o despedaçado e o renascido), Nitsch deforma os símbolos da eucaristia, a comunhão com o corpo e a carne, e apresenta o sacrifício a partir do instinto humano de violência e purificação. O matadouro, que para Bacon trazia possibilidades cromáticas e luminosas nas carnes despedaçadas, torna-se para o artista o espaço de significado simbólico e político para a condição pós-moderna.

Com as suas ações, Nitsch contribui, após Bacon, para a reflexão em torno da crise na condição humana. Ao tratar em seus rituais da fixação pela violência por parte de nossa cultura, o artista austríaco pensou-a de forma psicanalítica como se fosse um ato de des-repressão da energia concentrada, equivalente à purificação e redenção pelo sofrimento resultante dos dramas trágicos. Desse modo, seu *Teatro* é, em suas próprias palavras, "uma arte que demonstra tremendo poder e intensidade".

O sacrifício, como um instrumento utilizado em situações de crise, envolve e organiza os elementos psicológicos da condição humana ao propor um ato de redenção do sofrimento social ou individual. Com seus rituais, Nitsch reitera que a crise não desapareceu da realidade pós-moderna, lançando mão de uma força criativa que segue na contramão da cultura virtual da atualidade que reduz a realidade à simulação holográfica. Com isso, sua arte almeja ser um ponto de redenção na "modernidade líquida", operada pela sensação de mal-estar que lhe é própria.

A vaporização ou a modernidade do século XXI

O atentado terrorista de 11 de setembro de 2001 inaugurou o novo milênio. Se a bomba atômica tornou-se uma imagem explicativa para muito do que se seguiu após 1945, o "espetáculo" gerado pelo atentado às Torres Gêmeas tornou-se a metáfora para a implosão de inúmeros fatores da vida no início do século XXI. O 11 de Setembro marca o início da era Bush, que durante oito anos resumiu as finalidades da política externa a uma cruzada conservadora à terra santa do petróleo, dando créditos às forças de devastações ecológicas de uma indústria que não crê no futuro. Uma era que teve sempre um inimigo quase invisível, aparentemente fraco, mas que levou as contas norte-americanas a um déficit gigantesco. Por outro lado alimentou o fogo amigo da especulação monetária que fez George W. Bush deixar o seu reinado imerso numa crise bolsista de perspectivas inquietantes.

A condição do século XXI não é simples de ser analisada. É o momento em que as fases se misturam, em que o líquido evapora

Capa da revista *Time* dedicada ao 11 de Setembro

e a crise humana adquire intensidades renovadas. Vivemos mais aceleradamente a dissolução de muitas instâncias da vida ao mesmo tempo em que nos encontramos com numerosas contradições. Se a liquidez da modernidade nos mostrou a crise das utopias, a ameaça da impermanência e a roda viva dos sistemas financeiros, chegamos ao século XXI com pelo menos uma certeza: a fragilidade da vida e dos seus mecanismos de sustentação. Talvez seja esse o grande fator da crise neste início de século.

Campanha contra George W. Bush

Gregor Samsa viveu a crise como uma reação ao estado absurdo de sua vida. Vivemos hoje esse absurdo, mas em uma dimensão diferente. Ele não é mais tão evidente e constantemente passa despercebido pelas pessoas devido à maquiagem que soterra a nossa percepção do vazio em que se transformou a vida contemporânea. O absurdo de hoje se oculta entre o sistema digital das transações bancárias, as cores da estação apresentadas pelas novas tendências da moda ou mesmo o orientalismo, que preenche o ideal vazio contido na expressão "vida simples". Se na linguagem existencialista o absurdo é a condição de falta de sentido da vida, vivemos o momento em que a existência não tem qualquer sentido mais coeso e duradouro.

O vazio é uma palavra que se encaixa perfeitamente na nossa situação atual, mesmo que aparentemente tenhamos pouca razão para crer nele devido ao acúmulo de imagens, opções e comunicações. O vazio está presente quando o consumo se torna uma parte importante de nossas vidas, não pelas suas necessidades reais, mas pelo conforto "espiritual" que ele nos dá, quando nos faz simular uma sensação de bem-estar. Ou quando mantemos relações virtuais sem nunca encontrar fisicamente aqueles com que mantemos o contato, acumulando centenas de amigos que não passam de fantasmas no ambiente das simulações.

A passagem do milênio foi fértil para as previsões apocalípticas, mas o fim do mundo não ocorreu como muitos pseudo-profetas imaginaram. Por outro lado, a evaporação do seu estado certamente ocorreu e chegamos ao momento em que foi declarada a "morte da pós-modernidade".

O filósofo francês Gilles Lipovetsky preferiu usar um termo alternativo para definir a pós-modernidade. Com isso, criou o *hipermodernismo*, tanto para explicar a sua concepção de pós-modernismo quanto para ampliá-lo e superá-lo. No seu livro *Os tempos hipermodernos*, de 2004, diferente de Bauman, que via no prefixo *pós* a condição de dissolução, Lipovetsky observa neste o fenômeno da intensificação. Segundo ele, o estágio da modernização, desde a bomba atômica até hoje, é marcado pela dilatação intensiva, ou seja, radicalizada, das forças fundamentais da modernidade: o indivíduo, o mercado e a tecnologia.

A intensidade leva constantemente ao excesso e, fatalmente, à fragilidade, e com isso o hipermodernismo representa para o filósofo a "cultura do excesso" e a era da "fragilização dos indivíduos". Tais fatos são compreensíveis quando analisamos o comportamento dessas três forças da modernidade citadas acima. O individualismo é cada vez mais intenso na medida em que buscamos com mais ardor a satisfação imediata das necessidades

Crise – As metamorfoses da condição humana

individuais sem com isso garantir nossa felicidade. O mesmo acontece com o mercado financeiro, que exige cada vez mais investimentos, produção e consumo sem alcançar uma estabilidade, mesmo quando os índices parecem altos. Por outro lado, a oferta de produtos tecnológicos é tão grande e volátil que os produtos ficam rapidamente obsoletos, não por suas funções, mas pelo seu status, enfatizando o seu caráter temporário como a efemeridade das modas.

A combinação potente entre intensidade e fragilização é decorrente da tendência a "destruição de limites", gerando uma roda viva de necessidade e ansiedade, consumo exacerbado e insatisfação, excesso e vazio existencial. Após a dissolução das grandes instituições sociais que orientavam a vida humana, o sentido da vida é lançado na mesma roleta russa dos especuladores, no mesmo "sobe e desce" dos índices econômicos, intensificando as apostas e trazendo riscos cada vez maiores. Após o neoliberalismo, com a pregação de mínima influência do estado na economia, esta se tornou superdimensionada e os níveis de especulação tão altos, que se tornou um monstro faminto, necessitando ampliar o seu ciclo a cada dia sob a ameaça de ruir. Nesse momento então, sustentar a vida é ver de perto a sua fragilidade.

O nosso estado é, para Lipovetsky, também caótico e histérico, pois aliado a esse excesso, apresenta-se um impulso ao equilíbrio que faz a nossa época mais complexa. Mas o culto à saúde, ao bem-estar, torna-se também o culto ao excesso: ao excesso de cuidado, de zelo, de funcionalidade, de produtividade. Portanto, a dinâmica entre ordem e desordem que já ressaltamos aqui, e que é uma tônica da hipermodernidade para Lipovetsky, é mais intensa nesse momento. O indivíduo "fragilizado", com a ruína de sua identidade, leva consigo a impossibilidade da segurança num mundo que tem muito poucas certezas sólidas a oferecer.

Conclusão

Não podemos sugerir, aqui, uma solução para a crise de qualquer ordem sem que esta seja insuficiente. No pequeno histórico que fizemos ficou acentuado que a crise é uma condição do conflito, que gera fratura, mal-estar, transformações dolorosas e sacrifícios. A crise é a dinâmica própria dos organismos vivos e com grau de consciência avançado. É o resultado das ações humanas, e no seu estudo podemos compreender mais a respeito da condição humana, que cria fenômenos e sofre as suas consequências, produz renovações e sente as metamorfoses.

Ao fim dessa pequena narrativa da crise e das experiências por ela provocadas, ficou explícito que a metamorfose é o estado permanente da História, e o momento que vivemos é propício para entrever essas transformações. Não que a humanidade viva hoje um estado definitivo, mas é certo que o maior ensinamento que a crise pode nos apresentar é que a partir dela as ações devem ser reorientadas, as crenças colocadas em análise e as perspectivas redimensionadas.

Após Heráclito, Bauman e Lipovetsky, procurando uma síntese ainda provisória dos acontecimentos que estamos vivenciando, poderíamos chamar o momento presente de modernidade gasosa: mais um estágio do processo de metamorfose que talvez aponte, nas suas dores mais profundas, para a possibilidade de uma nova solidificação. Mas essa perspectiva ainda é improvável.

Se o neoliberalismo criticou a intervenção do Estado na economia, hoje, após a crise de 2008, o capitalismo sofreu um duro golpe: teve que ceder ao socorro do Estado a fim de não gerar uma crise em larga escala. A crise como vimos desde o início deste ensaio, é inerente ao sistema capitalista devido ao seu grau de flutuação e risco. Essa observação já havia sido lançada por Marx, Trotsky e também por Bauman e Lipovetsky.

Nesse momento de mais uma crise econômica, iremos testemunhar a regeneração desse sistema ou a sua decadência. O grande problema da atualidade é examinar como se darão essas modificações, se ocorrerá a manutenção provisória para uma retomada da especulação e da intensidade do lucro monetário, ou se encontrará caminhos mais amplos que bloquearão esse desejo de lucratividade em prol do meio ambiente, da redistribuição das riquezas ou da reconstrução das identidades perdidas.

As inúmeras mortes que foram anunciadas desde o século XIX, a "morte da arte" por Hegel ou a "morte da história" proferida por Francis Fukuyama, demonstram não o fim dessas instâncias, mas a crise sucessiva pela qual passam na modernidade. Ou seja, a denúncia da metamorfose das condições humanas e seus meios de expressão que movimentam os nossos sistemas de raciocínio. Entre a personalidade fraturada em Kafka e a esquizofrenia em Lipovetsky, as crises da modernidade se dilataram e assumiram formas variadas, mas não deixaram de existir. Portanto, a noção de crise continuará por muito tempo a ser objeto das experiências e reflexões humanas.

Outras leituras, outras visões

BAUMAN, Zygmunt. *Modernidade e Holocausto*. Rio de Janeiro: Jorge Zahar Editor, 1998.
_____. *Modernidade líquida*. Rio de Janeiro: Jorge Zahar Editor, 2001.
_____. *O mal-estar na pós-modernidade*. Rio de Janeiro: Jorge Zahar Editor, 1999.
CAMPOS, Lauro. *A crise completa*. São Paulo: Boitempo, 2001.
DELEUZE, Gilles. *Lógica da sensação*. Rio de Janeiro: Jorge Zahar Editor, 2007.
FREUD, Sigmund. *O mal-estar na civilização*. Rio de Janeiro: Imago, 1997.
FOUCAULT, Michel. *As palavras e as coisas*. São Paulo: Martins Fontes, 2000.
HAUSER, Arnold. *História social da arte e da literatura*. São Paulo: Martins Fontes, 1998.
HERÁCLITO. *Os pré-socráticos*. São Paulo: Nova Cultural, 1996.
HOBSBAWM, Eric. *A era dos extremos*. Companhia das letras, 1995.
_____. *A era das revoluções – 1789-1848*. Rio de Janeiro: Paz e Terra, 2007.
HUSSERL, Edmund. *A crise da humanidade europeia e a Filosofia*. Porto Alegre: EDIPUCRS, 2008.
HUXLEY, Aldous. *Admirável mundo novo*. Rio de Janeiro: Ed. Globo, 2001.
KAFKA, Franz. *A metamorfose*. São Paulo: Nova Alexandria, 2001.
KIERKEGAARD, Soren. *Terror e tremor*. São Paulo: Hemus, 2008.
_____. *Desespero humano*. São Paulo: Martin Claret, 2001.
LIPOVETSKY, Gilles. *Era do vazio*. Barueri: Ed. Manole, 2005.
_____. *Os tempos hipermodernos*. São Paulo: Ed. Barcarolla, 2004.
LYOTARD, François. *A condição pós-moderna*. Rio de janeiro: Ed. José Olympio, 2002.

MARX, Karl. *Manuscritos econômicos e filosóficos.* In: *Os pensadores.* São Paulo: Nova Cultural, 1987.
MORE, Thomas. *Utopia.* São Paulo: Martins Fontes, 1999.
NIETZSCHE, Friedrich. *O nascimento da tragédia no espírito da música.* São Paulo: Companhia das letras, 2007.
ORWELL, George. *1984.* São Paulo: IBEP Nacional, 2003.
PASCAL, Blaise. *Pensamentos.* São Paulo: Martins Fontes, 2005.
REALE, Miguel. *Crise do capitalismo e crise do Estado.* São Paulo: Ed. Senac, 2000.
STONEQUIST, Everett. *O homem marginal:* estudo de personalidade e conflito cultural. São Paulo: Livraria Martins Editora, 1948.
SARTRE, Jean-Paul. *A náusea.* Rio de Janeiro: Nova Fronteira. Nova Fronteira, 2006.
_____. *Com a morte na alma.* Rio de Janeiro: Nova Fronteira, 2005.
SHÜLER, Donaldo. *Heráclito e seu discurso.* Porto Alegre: L&PM, 2000.
SLEMIAN, Andrea. *Vida política em tempo de crise.* São Paulo: Hucitec, 2006.
SZONDI, Peter. *Ensaio sobre o trágico.* Rio de Janeiro: Jorge Zahar Editor, 2004.
ZWEITE, Armin (ed.). *The Violence of the Real.* London: Thames and Hudson, 2006.

Sobre o autor

Naum Simão de Santana é formado em Filosofia pela Faculdade de Filosofia e Ciências da UNESP, mestre em Artes Visuais pelo Instituto de Artes da UNESP e doutor em Artes pela Escola de Comunicação e Artes da USP. É professor de História da Arte e Estética, tendo lecionado no IA-UNESP, MAC-USP e ABRA. Ensaísta e crítico de arte, é coautor dos livros *Sergio Milliet 100 anos* e *Arte Brasileira do Século XX*, além de outros textos publicados em revistas e jornais especializados como *ARS*, *Arte e Cultura da América Latina* e *Jornal da ABCA*.